Anton Maier

Hauptstrasse 26

86807 Buchloe
Lindenberg

 08241 - 3365

antonmaier@t-online.de

Hannes Burger

Bayern, deine Preußen

Eine unglaubliche Liebesgeschichte

Illustriert von Heinz G. L. Schütze

rosenheimer

Herzlich gewidmet meiner lieben

»Waldmaus«,

die mich beim gründlichen Studium der Preußen unterstützt
und von allzu genauer Erforschung der Preußinnen abgehalten hat,
sowie allen bayerischen, preußischen und österreichischen
Freunden als meinen liebsten Forschungsobjekten.

© 1999 Rosenheimer Verlagshaus GmbH & Co. KG, Rosenheim

Die Zeichnung auf S. 12 stammt von Josef Blaumeiser. Der Abdruck erfolgte mit
freundlicher Genehmigung von Frau Anneliese Blaumeiser, München.
Die Zeichnung auf S. 158 stammt von Eduard Thöny, die auf S. 160 von Karl Arnold;
der Abdruck beider erfolgte mit freundlicher Genehmigung des Instituts
für Kommunikationswissenschaft der Universität München.
Alle übrigen Abbildungen einschließlich des Titelbildes stammen von
Heinz G. L. Schütze, Schönberg/Ndb.

Layout, Satz und Herstellung: VerlagsService Dr. Helmut Neuberger
& Karl Schaumann GmbH, Heimstetten
Lithographie: Repro-Ludwig, Zell am See
Druck und Bindung: Jos. C. Huber KG, Dießen
Printed in Germany

ISBN 3-475-52938-6

Inhalt

Bayern und Preußen
sind immer ein Thema

Vorwort des Autors

Wenn es stimmt, dass sich im Leben Gegensätze anziehen wie konträr gepolte Magneten, dann muss wohl auch der Liedtext richtig sein: »Kein Feuer, keine Kohle kann brennen so heiß wie die heimliche Liebe zwischen Bayer und Preiß.« Die Frage ist nur, wie viel davon ist Folklore und wie viel harte Realität? Wie definieren sich diese Pole,

»Komm her an mei Bayernherz!«

wie lange hält so eine Liebesglut an und wie sehen die Folgen solcher Abenteuer oder Mischehen in der Alltagspraxis aus?

Erschütternde menschliche Schicksale werden etwa dann offenbar, wenn norddeutsche Kinder erstmals mit verweinten Augen heimkommen und in der Sprache, die sie für Hochdeutsch halten, fragen: »Mamma, sach ma, isset echt wah, dass unsa Papa 'n olla Baya is?« Oder umgekehrt: »Papa, sag amoi ehrlich: Is unsa Mama wirklich a Preißin?«

Die Preußen – auf bayerisch wertneutral »Preißen«, auf österreichisch »Piefkes« – sind immer noch ein Thema. Aber schon der Titel »Bayern, deine Preußen« soll zum Ausdruck bringen, dass der Autor dieses Buches sich keineswegs anmaßt über das Land, den Staat und das Volk Preußen nach dessen stammesmäßiger Herkunft, Geschichte und Geographie zu schreiben oder gar darüber zu urteilen. Dieses Preußen mit all seinen geschichtlichen Höhen und Tiefen, seinen Leistungen, Tugenden und seiner Schuld sei den Historikern überlassen. Nur einige Reminiszenzen an das echte

Land und Volk der Preußen müssen in Erinnerung gerufen werden, damit nicht fälschlich der Eindruck erweckt wird, das Reiz- und Konfliktthema Bayern und Preußen sei nur lustige Folklore, bloße Gaudi fürs Bauerntheater ohne realen Hintergrund und womöglich nur zur Anreicherung der Heimatabende im bayerischen Fremdenverkehr oder für die matte Komik alter Heimatfilme erfunden worden. Auch wenn das Thema heute nicht mehr ganz so ernst genommen wird – oder schon wieder so ernst, dass man nicht mehr darüber lachen kann –, so hat es einen ernsten Hintergrund in der preußisch-bayerischen wie der bayerisch-deutschen Geschichte und in stark unterschiedlichen Charakteren der betroffenen Volksstämme.

Hier in diesem Buch geht es um »Bayerns Preußen«. Nicht etwa, dass Bayern aus den besten und schönsten Exemplaren des historischen Preußenvolkes etwa seine eigenen Preußen züchten würde – so wie das zum Beispiel mit den geretteten, überlebenden, aber aus ihrem Ursprungsland vertriebenen Lipizzanern oder Trakehnern teilweise geschehen ist. Nein, Bayern bezieht seine Preußen einerseits daher, dass außer den vielen schon vor dem Zweiten Weltkrieg zugezogenen (»Zuagroasten«) auch unter den vielen Flüchtlingen nach 1945 eine Menge echter Preußen im Freistaat geblieben

sind. Andererseits aber auch aus der Tatsache, dass wir Bayern einfach selber bestimmen und benennen, wer und wo »unsere Preußen« sind. Andere Länder, denen Preußen eventuell abgehen, können sich selber welche suchen oder ernennen.

Seit Bayern nach Abzug der Römer etwa um das Jahr 500 allmählich ein eigenes Stammesherzogtum unter der Oberherrschaft der damaligen (nicht identisch mit den heutigen) Franken und der Merowinger gebildet und den Südosten Europas bis weit in den Donauraum hinein kolonisiert, christianisiert und zivilisiert hatte, vergingen etwa 1000 Jahre, bis Preußen im Jahre 1525 ein von den Hohenzollern regiertes Herzogtum und um 1700 ein selbst ernanntes Königreich wurde, das dann im Laufe dieses 18. Jahrhunderts anfing sich völlig unaufgefordert in die bayerische Weltgeschichte einzumischen – anfangs sogar zu Bayerns Gunsten.
Von da an sind die Preußen bis in die Gegenwart herein nach und nach zu einer schicksalhaften Herausforderung für die bayerische Nation geworden: von der Politik über das Militär bis zum Fremdenverkehr, von der unterschiedlichen Mentalität und den Verhaltensweisen über die zwischenmenschlichen bis zu vor-, außer- oder mischehelichen Beziehungen. Das Ende des Zweiten Weltkrieges führte zum Verschwinden des Staates Preußen von der politischen

Missglückte bayerisch-preußische Wolpertinger-Mischung

Landkarte. Es gab zwar noch Preußen, aber die einen wollten keine mehr sein, die anderen waren ohne preußische Heimat. Politisch und geographisch glichen daher »die Preußen« in etwa »fliegenden Holländern«, die erst von ihrem historischen Fluch erlöst werden mussten. Wer wäre dafür mehr prädestiniert gewesen als wir Bayern in unserer berühmten christlichen Feindesliebe?

Vor genau 20 Jahren brachte das Gemeinschaftswerk »Bayerns Preußen sind die besten« den ersten großen Durchbruch in der Definition und wissenschaftlichen Erforschung von »Bayerns Preußen«. Diese »virtuellen Preußen«, wie sie nur Bayern der Welt als Fabelwesen und eigene Spezies noch erhalten hat, dürfen freilich nicht verwechselt werden mit den auch heute immer noch real existierenden – und zum Teil durchaus auch recht fabelhaften – Resten echter Preußen ohne Land.

Wie schon die in Bayerns Bergen schwer greifbaren Wolpertinger, so waren auch die Preußen bereits dabei, sich allmählich im grauen Nebel der Geschichte zu verflüchtigen. Was immer die Preußen seit 500 Jahren in der Weltgeschichte angestellt haben – keiner will es heute gewesen sein. Und sogar die ehemaligen, in Bayern noch durchaus hoch gehaltenen preußischen Tugenden drohen als Sumpfblüten in rot-grüner Schlamperei zu versinken.

Darum haben wir, die damals von unseren Fans und Groupies fast zärtlich »Viererbande« genannte Autorengemeinschaft Burger, Fischer, Riehl-Heyse, damals »Bayerns Preußen« erst einmal journalistisch umzingelt, dann systematisch von den Bayern abgegrenzt. Beide wurden dann von Josef Blaumeiser mit dem Stift festgehalten und von uns literarisch festgenagelt. Zur Vorbeugung gegen alle neuen politischen Wirren, die 10 Jahre später einsetzten.

Dieses für Bayern wie Preußen immer noch unverzichtbare, aber leider längst ausgeraufte und weithin vergriffene Lehrbuch »Heut nehmen wir die Preußen durch« geht nun mit einer Reihe seiner zeitlos wichtigsten Botschaften, nämlich vor allem den meinen, in dieses weiterführende Aufbauwerk über »Bayerns Preußen« mit ein und wird noch

aktuell ergänzt. Dieses neue Buch »Bayern, deine Preußen« bringt abschließende Ergebnisse und die ultimative Einordnung von Bayerns Preußen in die beginnende Geschichte des 3. Jahrtausends aus der richtigen, nämlich der bavarozentrischen Weltsicht.

Noch ohne diese Orientierungshilfe für Bayern und seine Preußen zu kennen sagte Bundeskanzler Willy Brandt einmal: »In Bayern gehen die Uhren anders.« Und Ministerpräsident Franz Josef Strauß antwortete nicht nur »Das stimmt, denn in Bayern gehen sie richtig!«, sondern er kündete auch einmal prophetisch an: »Wenn in Deutschland die Not am größten ist, kommt aus Bayerns Bergen die Rettung.«

Der rund 500 Jahre anhaltende Überlebenskampf der Bayern gegen die Preußen hat inzwischen in der aktuellen Situation von der Wende 1989 bis heute dramatische Dimensionen angenommen: Deutschland ist größer geworden, Bayern gleich geblieben. Deutschland ist aber auch – wie oben definiert – preußischer geworden. Die Preußen werden immer mehr, die Bayern geraten mit der Überlebens-Strategie des Integrierens und Absorbierens, Aufmischens und Aufheiratens immer mehr in Verzug und langfristig ins Hintertreffen.

Vor der Wende hatten nur Historiker und Bayern die Erinnerungen an Preu-

Auch im Himmel der Bayern gehen die Uhren anders, nämlich richtig.

ßen aufrecht erhalten. Heute gibt es zwar nominell auch noch kein Bundesland Preußen, aber mit Brandenburg und dem wiedervereinigten Berlin immerhin gleich zwei Bundesländer voll echter Preußen. Diese könnten sich auch jederzeit wieder so nennen, falls sie sich über einen Zusammenschluss jemals einigen können.

Das Land Bayern wird nur von den Flanken her noch unterstützt von den Schwaben in Baden-Württemberg und von den Sachsen. Heute kämpfen diese drei Volksstämme gemeinsam darum, auf der »Südschiene« nicht von der preußischen Übermacht überrollt zu werden.

Darum ist es ein beinahe unglaublicher Glücksfall, dass gerade zur rechten Zeit mit dem Werk »Bayern, deine Preußen« der krönende Abschluss der volkstümlichen Preußen-Forschung dieses Jahrtausends erscheint. Zur Orientierung aller und zur Selbstbehauptung der Bayern im 3. Jahrtausend – unter Berücksichtigung ähnlicher Interessen der Schwaben und Sachsen – wurde dieses neue Buch als Grundlagen-Werk dringend notwendig.

»Bayern, deine Preußen« – möge der Gedanke auch fürderhin …!

Hannes Burger

»Und Dank auch euch, ihr Vetera-ha-nen ...

... die ihr die Preußen durchgenommen habt«, könnte man das berühmte Lied vom Wildschütz Jennerwein abwandeln. Der Autor des vorliegenden Werkes »Bayern, deine Preußen«, Hannes Burger (links vorne), hat sich schon 1979 zusammen mit seinen damaligen Co-Autoren Herbert Riehl-Heyse (vorne rechts) und Ernst Fischer (hinten rechts) der Erforschung und Integration von Preußinnen und Preußen an einem der bekannten Zentren bayerischer Gesellschaftspolitik gewidmet. Daraus wurde dann das Lehrbuch »Bayerns Preußen sind die besten« erarbeitet. Dieser Stich ins Forscherleben ist inzwischen – ebenso wie das genannte Buch – schon eine historische Darstellung. Sie stammt aus der Feder des damals Vierten im Bunde, des Zeichners Josef Blaumeiser. Letzterer ist 1988 gestorben und konnte deshalb leider keine weiteren Bayern und Preußen mehr mit seiner spitzen Feder aufspießen.

Ernst Fischer wurde bei längeren beruflichen Aufenthalten als bayerischer Redakteur in preußischen Chefpositionen von diversen Preußinnen in Hamburg und Berlin völlig korrumpiert und ist daher in Preußenfragen nicht mehr objektiv. Der Autor Herbert Riehl-Heyse ist von linken preußischen Magazinen derart oft hochgelobt worden, dass auch sein bayerischer Patriotismus heute stark in Zweifel gezogen werden muss.

Somit bleibt für die Fortführung der ebenso gewissenhaften wie echt pseudowissenschaftlichen Erforschung und Beschreibung von Bayern und seinen Preußen nur der Münchner Hannes Burger übrig, der inzwischen als Bayern-Korrespondent der Berliner Tageszeitung DIE WELT mit am besten weiß, was ein objektiver Bayer bei der Landes-Verteidigung des weiß-blauen Freistaates mit den Preußen in Hamburg und Berlin mitmacht.

Der Zeichner Heinz Schütze unterstützt ihn nun in diesem Buch mit Illustrationen. Als 1919 geborener Schlesier, der schon unendlich lange mit seiner noch schlesischeren Frau Ilma (zur Erforschung von Fabelwesen) zusammenlebt, gehört er auch selbst zu Bayerns Preußen. Nach dem Weltkrieg ist er bei seinem vergeblichen Versuch, wenigstens Bayern noch zu verteidigen, schließlich im Freistaat hängen geblieben – die längste Zeit im Unterholz des Bayerischen Waldes. Er weiß nach 50 Jahren Integrations-Bemühungen auch, was man als Preuße in Bayern alles lernen und ertragen muss, bis man – auch ohne Trachtenhut, Laptop und Lederhose – theoretisch Anspruch auf Einbürgerung und bayerische Staatsangehörigkeit hätte. Schützes Zeichnungen beruhen auf rund 80-jährigen Selbststudien und auf genauen Beobachtungen an unseren Forschungsobjekten: »Bayern, deine Preußen«.

Wie kennt man Bayern und Preußen überhaupt auseinander?

Vergleichende Betrachtungen zu Körperbau und Seelenlage

Wenn sie den Mund aufmachen, findet es fast jeder heraus, aber rein äußerlich kann nur ein geschultes Auge Bayern und Preußen überhaupt voneinander unterscheiden. Einerseits kann man sich nicht immer darauf verlassen, dass die mit den neuesten und feschesten Trachtenanzügen oder die mit den allersüßesten, verrüscherltsten und am weitesten ausgeschnittenen Barock-Dirndln wirklich Bayerns Preußen sind. Eigene Trachten oder Hüte, woran man sie sofort erkennen könnte, haben sie überwiegend auch nicht. Andererseits laufen auch die Bayern nicht immer und – außerhalb des Alpenlandes – sogar sehr viele überhaupt nie in einer bayerischen Tracht herum – außer natürlich, wenn es sich um Berufsbayern handelt oder sie im Tourismus beschäftigt sind.

Da die meisten Bayern und Preußen – abgesehen von ihrer Kleidung – vorwiegend aus Leib und Seele bestehen, bie-

»Wat heißt Schmankerl? Schweinskeule mit Klopsen is'n toller Schmank!«

tet sich als erstes der Versuch an, diese Bestandteile und ihren Gebrauch im Alltagsleben hier biologisch und psychologisch zu erforschen. Dies hat zu einer Reihe von wissenschaftlichen Erkenntnissen geführt, mit deren Hilfe man leichter und schneller identifizieren kann, ob man Bayern oder Preußen vor sich hat. Klärende Blutproben, die nur durch kräftiges Draufhauen oder jähes Reinstechen zu erzielen sind, werden dank dieser Forschungen heute immer seltener notwendig. Die wichtigsten Merkmale zur Unterscheidung von Bayern und Preußen nach Seele und Körperbau werden im Folgenden aufgeführt.

Die Seele

Die Seele ist beim Bayern relativ leicht wahrnehmbar, nicht nur bei der Volksmusik und bei Gefühls- oder Wutausbrüchen, sondern auch naturwissenschaftlich.

Zum einen nämlich durch *Augendiagnose*: Die Seele des Bayern spricht durch das Auge. Sein aus tiefster Seele kommender inniger, schmerzlicher oder in stiller Wut flackernder Blick verrät dem Kenner unschwer die augenblickliche Lage der Seele: Liebe, Mitleid, Wurstigkeit oder höchste Angriffsbereitschaft.

Dann lässt sich beim Bayern die Seele auch gut anhand ihrer *Temperaturverän-derung* studieren. Die Seele der Bayern hat ihren Sitz im Herzen; das bayerische Trachtendirndl ermöglicht durch eine offenherzige Oberbekleidung einen gewissen Blick in das jeweilige Seelenleben bayerischer Frauen und Mädchen. Bei den Männern äußert sich die Seele körperlich durch den Blutdruck. Ihre Seele erwärmt sich nur sehr langsam, wenn sie aber einmal kocht, steigt sie ihnen sehr jäh – je nach Anlass – in den Kopf und von da in die Fäuste oder Geschlechtsorgane; sie führt dort zu Erhitzungen, Blutstauungen und mitunter sogar explosionsartigen Energie-Entladungen.

Wenn dagegen das Leben in ruhigen und gleichmäßigen Bahnen verläuft, bleibt die bayerische Seele völlig unauffällig in den Körper integriert. Man nennt einen solchen Bayern dann insgesamt schlicht »eine Seele von einem Menschen«. Um diesen Idealzustand zu erreichen muss man allerdings auf alles achten, was Leib und Seele eines Bayern zusammenhält.

Beim *Preußen* ist die Seele im Normalzustand nicht erkennbar, weder an seelenvollen Blicken noch an beseelten Redensarten. Dadurch löst er bei Bayern leicht ein grundsätzliches Raten und Grübeln aus: »Hat der Preuße eine Seele?« Dabei ist die Seele des Preußen meist nur in seiner kühlen Natur eingefroren, weshalb er auch leicht als kaltschnäuzig gilt. Durch erotisches An-

In Bayerns Hügel-Landschaften finden viele Preußen eine neue Heimat.

wärmen einer »kalten Hundsfotzen« – wie man in Bayern einen coolen Menschen von eiskalter Gefühllosigkeit nennt – taut jedoch eine Preußenseele schnell auf – besonders an einem warmen bayerischen Heizkörper.

Die Seele des Preußen ist aber auch noch anders nachweisbar: Da sie nämlich in Bier löslich ist, quillt sie dann meist sehr stark auf und schäumt sichtbar durch den Mund über.

Die Seele des Preußen hat ihren Sitz in der Leber und in den Nieren. Im norddeutschen Sprachgebrauch gehen deshalb auch seelische Erschütterungen unmittelbar »an die Nieren«. Und bei seelischer Verstimmung sagt man dort, es sei einem »eine Laus über die Leber gelaufen«, was jedoch noch lange nicht dazu berechtigt, etwa Rückschlüsse auf eine »lausige Preußenseele« zu ziehen.

Die in Bayern oft gar nicht ernsthaft, sondern nur in volkstümlicher Weise aufgeworfene Frage: »Hat der Preuße eine Seele?« ist aus der Sicht erfahrener wissenschaftlicher Diplompsychopathen eindeutig zu bejahen, der medizinische Nachweis ist deshalb überflüssig. Die früher gebräuchlichen laienhaften Versuche öffentlicher chirurgischer Nachprüfung per Hirsch-Skalpell (Volksjargon: Messerstechereien) für das Vorhandensein einer Seele gelten deshalb heute als überholt. Alkoholisch-erotische Kontakte im Urlaub gelten hingegen als erfolgversprechender und als die eigentliche Seele des Geschäfts mit den Preußen.

Der Körper

Der Körper weist bei Bayern und Preußen erhebliche Unterschiede auf, weil nämlich jeder in anderer Weise davon Gebrauch macht. Die Idealfigur von reinrassigen Modellen ist allerdings nach weit über hundert Jahren der Versöhnungsbemühungen immer seltener anzutreffen. Auch wegen jahrzehntelanger hemmungsloser Rassenmischung beim Versuch von Bayern und Preußen, sich gegenseitig durch gezieltes Aufheiraten als Stamm auszumerzen, sind bei den daraus geborenen »Bavareußen« starke Mischungen des Körperbaus entstanden.

Ein besonders schwieriges Kapitel ist der *Kopf* mit seinen stark differenzierten Sinnesorganen. Der Kopf erfreut sich bei Bayern und Preußen gleich großer Wertschätzung, wird aber nach recht unterschiedlichen Kriterien beurteilt. Die verschiedenen Bewertungsmaßstäbe führen leicht zu Missverständnissen, die man sich gegenseitig wiederum an den Kopf wirft und dann meist als Beleidigung auffasst.

Wenn etwa ein Preuße ausnahmsweise einem Bayern mit dem Kompliment, er habe ein »Köpfchen«, Intelligenz nachsagen will, beleidigt er ihn sofort. Für einen Bayern ist ein »Köpfchen« nämlich etwas Unterentwickeltes, kindlich Zurückgebliebenes, weil ein gescheiter Mensch »einen Kopf hat«. Wenn ein Bayer allerdings »einen Kopf aufsetzt« oder »an Kopf hinmacht«, heißt das nicht etwa, dass er dafür eine Prothese benutzt, sondern dass er beleidigt ist und bockt. Der Bayer fühlt sich dadurch auch nicht größer, wogegen ein Preuße durch den Zuruf »Kopf hoch!« immer fast so aufgemuntert wird wie durch den Befehl: »Helm auf!« Der Preuße bemüht sich dann, bald wieder »den Kopf vorne« zu haben.

Dem Naturell des Bayern entspricht dagegen eher der Rat: »Kopf auf d' Seitn!« Hoch oder vorne will er den Kopf selten haben, sondern möglichst auf der Seite, aus der Schusslinie nämlich, wo man weder getroffen wird noch von irgendetwas betroffen ist. Lieber als den Kopf hält er schon das Hinterteil hin, was man deshalb den in Bayern so beliebten »Leck-mi-am-Arsch«-Standpunkt, nämlich den Standpunkt völliger Teilnahmslosigkeit, nennt.

Preußen sind dagegen leicht beleidigt, wenn ein Bayer anerkennend über ihre Kinder sagt: »So kloa und scho solchene Trümmer Köpf'!« Wenn der Nachwuchs einen »solchenen Kopf aufhat«, beweist das nach bayerischer Auffas-

Gschwollschädel im Aufbau

sung ein erfolgreiches Wachstum und erkennbar strotzende Gesundheit. Gilt dagegen jemand als saft- und kraftlos und als auch im geistigen Sinne schon vertrocknet, so ist das ein »Kletzenkopf« (gedörrtes Birnenhaupt) oder ein »Kletzensepp« (Gedörrte-Birnen-Josef). Wer auf ungesunde Weise übertrieben ins Kraut geschossen, dabei reich und überheblich geworden ist, wird dagegen in Bayern gern als »Gschwollschädel« tituliert.

Etwas ganz anderes jedoch – was von Preußen oft verwechselt wird – ist dagegen ein »Großkopferter«. Das ist nämlich jemand, der die aus einem großen Kopf ersichtliche Gesundheit und Kraft im übertragenen Sinne aufweist: der sich schon gesundgestoßen hat und über zu viel Reichtum, Macht und Einfluss verfügt, kurz, zu den »Honoratioren« gehört.

Die Großkopferten werden in Bayern bewundert und beneidet, attackiert und akzeptiert zugleich. Deshalb kommen Preußen leicht zu dem Vorurteil, der Bayer respektiere nur die äußere Form, auch wenn sie innen hohl ist. In Wirklichkeit fragt der Bayer bei Anzeichen von Dummheit sofort nach: »Ja, hat denn der koa Hirn net im Kopf?« Was einer im Kopf haben muss, ist ein »Hirnschmalz«, was wiederum von Preußen leicht als Gehirnverfettung missverstanden werden kann. Tatsächlich werden aber nur die hohen Ansprüche des Bayern an die körperliche Kraft – »Der hat a Schmalz!« – auf die Kraft des Geistes übertragen.

Kletzensepp im Endstadium

Das *Gehirn* ist bei Bayern und Preußen so unterschiedlich entwickelt, dass sie es gegenseitig kaum wahrnehmen können. So kommt es zu der weit verbreiteten popularwissenschaftlichen Ansicht, der jeweils andere habe überhaupt kein Hirn. Dies ist jedoch biologisch nicht immer haltbar.

Beim Bayern verläuft das Gehirn in langen, sehr feinen Spiralen. Dadurch windet sich jeder Gedanke zunächst in zahllosen konzentrischen Kreisen um den Mittelpunkt des Denkvorganges; der Gedanke wird dabei gefiltert und geläutert, in sich gefestigt oder als unfruchtbar aussortiert und bleibt dann unausgesprochen. Dies ist ein langwieriger, komplizierter Prozess, der das Heißlaufen des Gehirns begünstigt und leicht zu Hitzestaus im Kopf führt.
Ist ein Gedanke des Bayern aber endlich zum Kern der Sache vorgedrungen, so erscheint er bereits geistig ausgereift und hat in der Regel sogar Hand und Fuß. Allerdings kommt er nicht selten zu spät, nämlich wenn Entscheidungen schon gefallen und somit vorbeugende Handlungen nicht mehr möglich sind. Kommt die Aussage jedoch noch rechtzeitig um auch eigenes Reagieren auslösen zu können, so gleicht sie einer aus spiralförmig gedrehtem Lauf kommenden Kugel, die als gezielter Schuss meist voll ins Schwarze trifft. Selbst wenn sie nicht trifft, ist doch der Einschlag ein gewaltiger.

Preußische Revolverschnauze

Beim Preußen verläuft das Gehirn in parallel angeordneten, geradlinigen Strängen, in denen unabhängig voneinander und ohne logische Gegenkontrolle Denkprozesse in Gang gesetzt werden. Jeder so ausgestoßene Gedanke durchläuft bei ihm daher das Gehirn auf dem kürzesten Weg; er wird weder geprüft noch vorsortiert, sondern gelangt auf direktem Weg schnellstmöglich an sein Ziel.
Solche meist noch nicht zu einer reifen Idee ausgewachsenen, erst kümmerlich entwickelten Rohgedanken eines Preußen erreichen jedoch ohne Reibungsverluste an Kontrollstellen in enorm großer Zahl, in sehr kurzer Zeit und noch äußerst kühl das Publikationsorgan des Preußen, das man deshalb auch

im Volksmund gern »Revolverschnauze« beziehungsweise »Berliner Schnauze« nennt.

Die in ununterbrochener Reihenfolge abgefeuerten Aussagen kommen aber nicht nur fast immer rechtzeitig, sondern eher schon vorzeitig. Sie gleichen in ihrer Treffsicherheit jedoch etwa den Streuschüssen aus einer vollautomatischen Schrotflinte.

Das Fazit dieser Vergleichsforschung ist in dem Lehrsatz des bayerischen Autors Kurt Wilhelm niedergelegt: »Der Preuße spricht jeden Denkvorgang laut mit, der Bayer gibt nur das Ergebnis bekannt.«

Doch kommen wir nun zu den *Sinnesorganen*. Die *Augen* sind beim Preußen groß, gierig und weit aufgerissen, daher meist weitsichtig, beim Bayern dagegen sind sie missgünstig, klein, hinterlistig verkniffen und daher meist kurzsichtig.

Die *Nase* des Bayern heißt auch Riecher, wird mit Schnupftabak gepflegt und ist hoch empfindlich. Darum stinkt er ihm ebenso schnell, wie er den Braten riecht oder ihm etwas Begehrenswertes in die Nase sticht oder etwas weniger Erwünschtes »nicht zur Nase steht«. Der Geruchssinn des Preußen dagegen ist eher nur schwach ausgebildet, darum muss er seine Nase auch überall reinstecken und fällt leicht auf dieselbe.

Die *Ohren* sitzen wegen der größeren Spannweite der Mundwinkel beim Preußen höher als beim Bayern, was ihn besonders hellhörig macht. Beim Bayern ist dagegen das Gehör vom Willen abhängig. Wenn man nämlich einen um etwas anbettelt, was er nicht tun oder geben will, heißt es: »Gell, da hört er nicht.«

Gaumen und Zunge des Preußen sind wie die des Bayern mit nur wenigen Geschmacksnerven ausgestattet. Der Preuße wird dadurch leicht zum anspruchslosen Allesfresser oder auch zu einem Feinschmecker, der vor allem am hohen Preis erkennt, dass ihm etwas gut geschmeckt haben muss.

Der heikle Durchschnittsbayer beschränkt sich meist auf wenige, eher deftige Gerichte, deren Geschmack ihm durch Gewohnheit vertraut ist und deren hoher Fettgehalt es ihm erleichtert, sein Gewicht zu halten.

Bei jener Minderheit beider Gruppen, die einen ausgeprägt feinen Geschmackssinn an Zunge und Gaumen entwickelt hat, wirkt sich das unterschiedlich aus: Dem Preußen ist dann oft das Beste nicht gut genug, dem Bayern dagegen kommt das Beste gerade recht. Aber bescheiden und allen Superlativen abgeneigt, wie er nun einmal ist, sagt der Bayer nur: »Es gibt nix Bessers als was Guats.«

Sprachprobleme der Preußen

Normalerweise kann man Bayern und Preußen relativ schnell an ihrer Sprache erkennen und voneinander unterscheiden. Die überwiegende Mehrheit der Bayern weiß es, hat sich damit abgefunden oder ist sogar stolz darauf, dass man sie auch dann sofort am »typical Bavarian sound« als Bayern erkennt, wenn sie fehlerfrei Hochdeutsch, Englisch oder sonst eine Fremdsprache sprechen können.

Ich habe mich zum Beispiel immer gewundert, warum ich jedes Mal zur Sprachaufnahme selbst zum Bayerischen Rundfunk fahren sollte, wenn ich für den Westdeutschen oder Norddeutschen Rundfunk einen Fünfminuten-Kommentar geschrieben hatte, den dort doch jeder Radiosprecher auch von meinem Text hätte ablesen können. Aber eines Tages kam ich drauf: Ich hatte mein feinstes Hochdeutsch gesprochen und danach beim WDR angerufen, ob alles gut angekommen sei. Da schwärmte die Redakteurin: »Ja, alles prima – aber vor allem dieses herrliche Original-Bayerisch!«

Da wusste ich, dass ich mich nie würde als Preuße verstellen oder tarnen könnte, selbst wenn ich das wollte.

Aber umgekehrt wollen das viele Preußen: die guten, weil sie als Zuagroaste oder Urlauber dadurch schneller akzeptiert, integriert und endlich als Bayerns Preußen einheimisch werden wollen; die bösen, weil sie hoffen, unter Vortäuschung bayerischer Worte die Bayerinnen oder Bayern leichter zur gemischten Unzucht oder gar zum Kauf preußischer Waren beschwatzen und verführen zu können.

Doch auch für den Bereich der Sprache gilt, was für viele Bereiche von Fähigkeiten und Leistungen zutrifft: Der Preuße als solcher ist an sich recht begabt, es kommt nur darauf an, was man aus ihm macht. Von seinen Sprechwerkzeugen her ist er bestens ausgerüstet und hart trainiert, weshalb er auch meist sehr gerne, sehr viel und sehr schnell spricht.

Aber mit den Sprachkenntnissen steht es nicht zum Besten: Deutsch sprechen viele Preußen sogar recht ordentlich, wobei sie aber auch ihren eigenen Dialekt meist irrtümlich mit Hochdeutsch verwechseln. Wenn sie statt »nein« einfach »nö« oder »nee« sagen, halten sie das ganz selbstverständlich für einwandfreie Schriftsprache und amüsieren sich über den Dialekt der Bayern und Schwaben, weil diese halt »naa« oder »noi« sagen, was wahnsinnig komisch ist.

Der Bayer liebt seine Sprache und respektiert die Dialekte der anderen, solange er sie wenigstens noch versteht, etwa dass bei der Frage nach einem »Zimmer mit Batt« nicht eines mit Batterie, sondern eines mit Bad gemeint ist und dass eine »Fluchente« kein verwunschenes Federvieh ist, sondern eine nicht zu fette, muskulöse »Antn«. Nur wenn er dann hören muss, dass ein Kölner »Schemiker« aus seinem Urlaub in »Scham« in der Oberpfalz nach dem Mittagessen beim »Schinesen« zu einem »Schirurschen«-Kongress an den »Schiemsee« weiterreisen will, bekommt auch der Bayer gewisse Schwierigkeiten mit diesem angeblichen Hochdeutsch.

Davon werden aber gottlob die zwischenmenschlichen Beziehungen im Fremdenverkehr kaum belastet, weil die Preußen und Preußinnen sowieso fast nie nein sagen, egal in welcher hochdeutschen Mundart. Und wenn ein bayerisches Madl bei einem unsittlichen Angebot entrüstet die Form der verstärkten Verneinung gebraucht – »Oh-naa-nia-net!« –, dann versteht der Preuße dies sicher eher als moralische Ermahnung gegen eine egoistische Selbstbefriedigung und damit fälschlicherweise erst recht als indirekte Aufforderung zur Liebe im Duett.

Während die meisten Bayern vom Kultusministerium gezwungen werden – und viele sich sogar selbst darum bemühen – Deutsch als erste Fremdsprache zu lernen, können nahezu alle Preußen überhaupt nicht Bayerisch. Ja, viele Preußen sind des Englischen oder Französischen leidlich mächtig, haben aber mit dem Bayerischen die größten

»Was mecht denn der Preiß dort?«

Schwierigkeiten, weil es in den preußischen Schulen nicht gelehrt wird.

Da hat zum Beispiel einmal ein Preuße vor dem Münchner Hauptbahnhof nach langem Suchen unter lauter Gastarbeitern aus allen Balkanstaaten endlich zwei an ihren Trachtenanzügen erkennbare Bayern angetroffen und fragt sie nach dem Hotel Bayerischer Hof. Die zwei beachten ihn aber kaum und unterhalten sich weiter. Der Preuße denkt, es könnten vielleicht doch wieder Ausländer im Trachten-Look sein, und wiederholt seine Frage nochmals auf Englisch, Französisch und sogar Italienisch. Kaum ist er ohne eine Antwort zu erhalten kopfschüttelnd weitergegangen, da sagt einer der Bayern: »Hund' sans' scho, de Preißen – drei Sprachen hat der glei gsprocha!« Doch der andere meint achselzuckend: »Ja und – was hat's eahm scho gholfa?«

Was allerdings den Preußen im bayerischen Fremdenverkehr als erster Sprachunterricht angeboten wird, ist ebenfalls höchst unzulänglich. Denn mit den gebräuchlichen Übungsbegriffen kommt man im Alltag nicht weit, weil »Oachkatzlschwoaf« leicht abwertend mit einem stark behaarten Geschlechtsteil und »Loabitoag« mit boshafter Kritik an einem schlaffen Busen verwechselt werden kann; deren Anwendung dürfte somit beim preußisch-bayerischen Liebesleben allenfalls zu Beleidigungen führen.

Auch die den Preußen immer wieder abverlangte und noch so oft geübte Konjugation des für den Alltag eines Bayern praktisch unentbehrlichen Satzes »Wenn i an Schmai hätt, schnupfat i'n« über »Wenn ma an Schmai hättn, schnupfat ma'n« bis zu »Wenns' an Schmai hättn, schnupfatns'n« führt die Zungenfertigkeit in eine völlig unfruchtbare Richtung und deshalb in einer intimeren Konversation kaum weiter.

Die Verständigung des Bayern mit den Preußen klappt ohnehin am besten, wenn diese nicht versuchen ein Gastarbeiter-Bayerisch zu radebrechen. Sie werden am ehesten respektiert, wenn sie sich zu ihrer Herkunft bekennen und – wie der Bayer selbst auch – einfach so sprechen, wie ihnen von Haus aus der Schnabel gewachsen ist – gleichgültig, ob hessisch, rheinisch, ostfriesisch oder sonst was. (Siehe auch im Kapitel über »Preußen, Sachsen und Schwaben« die Abschnitte über »Originalpreußen« und »Bavareußen«!)

Die arroganten sogenannten »Saupreußen« und die überangepassten »Trachtenpreußen« (siehe ebenda!) versuchen aber immer wieder die gottgewollten natürlichen Sprachbarrieren zu überspringen und bayerische Sprachkenntnisse vorzutäuschen.

Die Schlimmsten darunter sind die preußischen Werbetexter, die ständig versuchen den vermeintlich dummen Bayern irgendwelche Produkte auf Bayerisch anzudrehen und sich dann mit ihrem volkstümelnden Kauderwelsch sofort als Dialektschwindler entlarven. Dies ist aber halt auch leicht, weil bei ihnen meist nur eine Dialektimitation daraus wird – ohne Kenntnis der bayerischen Sprachlogik und der bayerischen Grammatik.

Wie erkennt man nun die Versuche preußischer Redakteure, bayerische Originalzitate zu erfinden, oder die faulen Tricks preußischer Werbetexter, mit pseudo-folkloristischen Reklamesprüchen bayerische Käufer aufs Kreuz zu legen, sofort als Fälschungen? Dazu nur ein paar einfache Hinweise, die einen gründlichen bayerischen Sprachkurs natürlich nicht ersetzen können. Sie können aber vielleicht einerseits dazu beitragen, dass Bayern besser darauf achten, sich nicht nach und nach durch zu viel Anpassung ihrer eigenen Sprache zu entfremden, und dass andererseits Preußen, die keine bayerische Grammatik beherrschen, unsere Sprache einfach sein lassen und entweder ihren Dialekt sprechen oder richtiges Hochdeutsch.

Preußen missachten die Sprachlogik

Dies wird am deutlichsten im Bereich der Gastronomie. Wer etwa Schweinebraten, Rinderbraten oder Schweineschnitzel anbietet oder bestellt, ist zumindest sprachlich ein Preuße. Der Bayer isst nämlich auch gern große Portionen, aber er kann sich ein Schnitzel oder einen Braten gar nicht so groß vorstellen, dass man dafür Fleisch von mehreren Schweinen oder Rindern bräuchte, deshalb bleibt er logischerweise immer in der Einzahl des jeweiligen Schlachttieres und sagt also zum Beispiel Schweinsbraten, Rindsbraten, Kalbsschnitzel. Wenn ein Wirt statt der Rindssuppe eine Rindersuppe anbietet,

muss man immer erstaunt zurückfragen, wie viele Rinder aus der Herde er dafür gekocht hat.

Die Hühner dagegen sind wesentlich kleiner, so dass man – außer zu Hause – nie genau wissen kann, wie viele Suppenhühner der Koch jeweils für die Brühe gesotten hat. Darum sagt ein Bayer auch weder Hühnersuppe noch Huhnssuppn (schon wegen der leichten Verwechslung mit Hundssuppn), sondern Hennasuppn, weil es dann Wurscht ist, ob sie aus einer Henna oder aus drei Henna gekocht wurde.

Umgekehrt ist ein Semmelknödel in der Einzahl etwas fast Unmögliches, weil man aus einer Semmel keinen Knödel, geschweige denn mehrere machen

Hennasuppn von einer oder mehreren

kann. Folglich heißt es laut Sprachlogiker Karl Valentin entweder hochdeutsch Semmelnknödel beziehungsweise Semmelnknödeln – je nachdem, wie viele man davon isst – oder bayerisch Semmeknedl. Streng genommen hieße es demnach allerdings auch logischerweise Kartoffelnknödeln, aber auch hier sind dann im Bayerischen ein oder fünf Kadoffeknödl möglich, weil der Bayer zwischen einem Kadoffe und »am Hauffa Kadoffe« in Einzahl und Mehrzahl keinen Unterschied macht.

Die Preußen und der Genitiv

Wenn jemand einen bayerischen Satz imitiert oder nachgemachte Sätze in Umlauf bringt, erkennt man ihn auch sofort als Preußen, wenn in dem Satz ein Genitiv oder ein Relativsatz im Genitiv (mit »deren« oder »dessen«) vorkommt. Der Bayer gebraucht nämlich keinen Genitiv, weil er ihn gar nicht braucht. Er kann die damit ausgedrückte Zuordnung mit der Präposition »von« oder dem besitzanzeigenden Fürwort – mein, dein, sein – plus Dativ genauso erzielen. Damit wird nämlich gleich das Wesentliche der Zuordnung festgehalten, nämlich die Besitzverhältnisse.

Es heißt demnach etwa nicht »die Frau des Bäckers« oder gar »Müllers Kuh«, sondern »dem Bäcker seine Frau«, denn die gehört ihm wie »dem Müller seine Kuh« oder dem Fischer sein Fritzerl, den in Bayern niemand »Fischers Fritze« nennt. Desgleichen ist »der Resi ihr Mo« oder »dem Reserl sei Mo« eben ihr Besitz und ihr ganzer Stolz; und nur weil »der Susi ihr Verflossener« ihr nicht mehr direkt gehört, muss man auch für den noch lange keinen Genitiv verschwenden.

Nebenbei eingeflochten: Die Verkleinerungsform »-chen« im Preußischen und »-le« im Schwäbischen heißt im Bayerischen »-erl«: Süppchen, Süpple, Supperl oder Hündchen, Hündle, Hunderl. Nur Bierchen und Bierle ist im Bayerischen schlicht a Bier, denn aus so kleinen Gläsern trinkt man hier nicht, dass man etwa eine Maß oder eine Halbe auf »ein Biererl« verkleinern müsste.

Entscheidend ist für Bayern immer, dass klar ausgesagt wird, wer wem gehört oder wer zu wem gehört und wer an was Eigentumsrechte hat und wem für was Verantwortung zukommt. Darum heißt es etwa: »Dem Huber Sepp seiner Tante ihra Kater hat der Meierin ihren Kanari gfressen.« Beim Relativsatz ist es ähnlich: »Der Huber, dem seiner Tante ihra Kater den ausgflogna Kanari von der Meierin gfressen hat, lasst ihr ausrichten, dass sie de scheena Federn von ihram Ex-Vogel jederzeit unter de Bäum' von seim Garten aufsammeln konn.« Die Wörter »deren« und »dessen« sind hier völlig überflüssig.

Die Preußen und das Imperfekt

Bayerische Sätze, in denen ein Imperfekt vorkommt, sind ebenfalls sofort als preußisches Imitationsprodukt entlarvt. Manchmal sind sie auch der feige Versuch eines bayerischen Menschen, unter Verleugnung seiner Muttersprache in »höhere Kreise« aufzusteigen oder durch Hochstapeln in die »feinere Welt« der angeblichen Hochdeutschen vorzudringen. Der echte Bayer dagegen »wusste« niemals etwas, er »sagte«, »sprach« oder »dachte« auch nichts und er »ging« noch nie irgendwohin. Er lebt vielmehr voll in der Gegenwart und hat die Vergangenheit bereits so bewältigt, dass sie für ihn perfekt, abgeschlossen ist. Darum verwendet der Bayer für alles Vergangene das Perfekt: »I hab ja glei gsagt, dass de a guats Bier habn, weil i's scho gwusst hab, und drum bin i da higanga.«

Man übersetzt ja auch zum Beispiel das Pilatuswort »Quod scripsi, scripsi!« nicht etwa mit »Was ich schrieb, das schrieb ich!«, sondern mit: »Was ich geschrieben habe, das habe ich geschrieben!« Und so bleibt es auch – das Wort »Basta!« kann man sich dazudenken.

Wie das Präsens erkennbare Realitäten, klare Regeln oder unbestreitbare Wahrheiten verkündet: »Wia's is, so is's!« oder: »Was liegt, des liegt!«, so bringt das Perfekt nämlich auch zum Ausdruck, dass der Bayer einmal getroffene Entscheidungen für endgültig und nicht mehr für diskutierbar oder gar revidierbar hält: »Quod dixi, dixi!« – »Was i gsagt hab, des hab i gsagt, und was kauft is, des is kauft.«

Die Feinheiten der bayerischen Sprache sind damit natürlich noch keineswegs erschöpfend dargestellt, denn es geht hier ja nur um die einfachsten Merkmale der Vortäuschung falscher bayerischer Sprachkenntnisse.

Männliche Zahlen und bayerischer Konjunktiv

Zur Früherkennung von dialektnachahmenden Preußen ist auch noch die Kenntnis einer anderen Regel nützlich: dass nämlich die bayerischen Zahlen durchgehend männlich sind. Der bayerische Soldat steht nämlich nicht »wie eine Eins«, sondern – falls er nicht sitzt – »wiar a Oanser« und ein bayerischer Schüler hat im Zeugnis niemals »eine Drei, Vier, Fünf oder Sechs«, sondern höchstens »einen Dreier, Vierer, Fünfer oder Sechser«. Und die zweitbeste Note nach dem »Oanser« ist ein »Zwoarer« und keinesfalls ein »Zwickel«, denn der ist entweder ein Zweimarkstück oder ein Stoffeinsatz in der Hose.

Eine sprachliche Besonderheit, die kaum ein Preuße beherrscht oder versteht, ist der etwas komplizierte bayeri-

Bayerischer Konjunktiv:
»I waar der Wirt.«
»I waar der König.«

sche Konjunktiv, der einerseits die Liberalität und die Bescheidenheit der Bayern, aber auch ihre Wurstigkeit kennzeichnet. Mit diesem Konjunktiv drückt man zum einen aus, dass alles, was man ist, sagt oder tut, immer unter dem Vorbehalt geschieht, dass es dem anderen recht ist oder andere nichts dagegen haben: I waar (ich wäre), i taat (ich täte), i sagat oder i taat sagn (ich würde sagen).

Als König Ludwig I. einmal nach einem Spaziergang allein im Münchner Gasthaus »Floßlände« einkehrte, erhob sich der Wirt und begrüßte den ihm so zivil völlig unbekannten »besseren Herrn«: »I waar der Wirt.« Darauf stellte sich der Monarch auch auf Bayerisch vor: »I waar der König.«

Beide Sätze lassen den nur gedachten Nebensatz weg: »wenn's recht is« oder »wennst nix dagegn hast«.

Beim Schafkopfen, Tarock oder Skat kündigt man an: »Ich tät spielen!« (zu ergänzen: »wenn ich darf.«) Wenn man gefragt wird, ob man Durst hat oder eine Brotzeit mag, sagt man nicht einfach »Ja freili, her damit! I hab an Mordhunger«, sondern eher vorsichtig umschreibend: »Hunger hätt i scho«

und »Dürsten taat's mi aa« oder »Schlecht waar's net.« (Dazuzudenken: »wennst etwas zum Essen oder zum Trinken hättst!«) Oder man lehnt nicht schroff ab, sondern so, dass man sich auch noch umstimmen lassen könnte: »Naa, i taat jetzt hoamfahrn« (wennst nicht unbedingt darauf bestehst, dass ich noch dableib und mitesse).

Außerdem ist für einen liberalen Bayern kaum etwas absolut, sondern fast alles ist relativ und andere, noch so absurde Meinungen sind jederzeit möglich: »Mei, heit waar a so a scheens Wetter!« (gemeint ist damit: »wennst es du nicht anders siehst.«) Und bevor ein Mann seine Frau ermutigt etwas zu kaufen, weil es billig ist, sagt er eher zurückhaltend: »Na ja, teier waar's net« oder »An Teife taat's ja net grad kosten.«

Der Bayer und das Götz-Zitat

Doch selbst wenn man die wichtigsten Regeln der bayerischen Grammatik und die bayerische Sprachlogik tatsächlich schon beherrschen sollte, kommt es dann im Umgang zwischen Bayern und Preußen vor allem darauf an, die Sprache auch psychologisch richtig anzuwenden: das heißt, das rechte Wort am rechten Platz und die richtige Bedeutung des gleichen Wortes herauszuhören.

Der durch Goethes »Götz von Berlichingen« bekannt und literarisch salon-

fähig gewordene Ausspruch »... und – sag's ihm – er kann mich im Arsche lecken« wird in Bayern nicht vornehm als Götz-Zitat umschrieben, sondern direkt ausgesprochen – aber dabei mit mindestens vier völlig unterschiedlichen Bedeutungen. Wenn in der Kurzform auch der Arsch selbst oft weggelassen wird, weiß jeder Bayer, wo man der Aufforderung zum Lecken nach-

»Geh, leckts mi doch alle am Arsch!«

– 27 –

kommen soll. Hier ein paar rein theoretische Beispiele, bei denen alle vier Varianten einmal in der Langfassung durchgespielt werden.

Der Maierhofer Alois macht einen Radlausflug, geht dann in ein Wirtshaus und sieht dort völlig unerwartet den Huberbauer Ferdl sitzen. »Ja, mi leckst am Arsch!«, entfährt es ihm als Ausdruck der Überraschung, »wo kimmst denn du her?«

Der Alois setzt sich zum Ferdl und fordert ihn gleich auf: »Aber wennst scho da bist, konnst mir glei a Maß zahln!«

Der lehnt dieses Ansinnen freundlich lächelnd mit dem Ausdruck der verstärkten Verneinung ab: »Des taat dir so passen – am Arsch leckst mi!«

Ein aufdringlicher Zeitgenosse am Nachbartisch lädt nun den Alois voller Radfahrer-Solidarität ein: »Setzen Sie sich zu mir her, Herr Nachbar, dann zahl ich Ihnen eine Maß!«

Der Alois aber will diese Anbiederung nicht und weist diese Einmischung mit der stärksten Form der Ablehnung zurück: »Geh, leck mi doch du am Arsch!«

Wenn sich nun etwa der Wirt einschalten und den Alois ermahnen würde doch nicht so unhöflich und grob zu den Gästen sein, dann stünden die beiden vermutlich verärgert auf und der Ferdl würde zum Wirt in der verschärften Form der wütenden Abweisung und der beleidigenden Gesprächsbeendigung sagen: »Leck uns doch am Arsch – mir gehngan!«

Es ist allerdings allen Preußen nur zu raten diese Varianten ein und desselben Angebots zuerst einmal nur mit toleranten bayerischen Freunden einzuüben, denn ein vorzeitiger und womöglich falscher Gebrauch der verschiedenen Bedeutungen könnte schmerzliche Folgen nach sich ziehen, besonders wenn man zufällig auch noch in der Unterzahl ist.

Wie Preußen in die Oberliga der Völker aufstieg

Die Geschichte der echten Preußen aus bayerischer Sicht

Selbstverständlich hat es im Norden und Westen Deutschlands, von woher die Bayern heute die meisten »Preußen« kommen sehen, auch schon zu Zeiten der Römerherrschaft in Germanien Volksstämme gegeben wie etwa die Zimbern und Teutonen.

Diese Germanen haben sich untereinander verdroschen oder – wie zum Beispiel die Cherusker unter ihrem Fürsten Hermann – mit den militärisch überlegenen römischen Legionen herumgeschlagen.

Andere – wie die Sachsen in Deutsch-

Maitanz der wilden preußischen Heiden unter einer Donar-Eiche

lands Norden – sind später vom Frankenkaiser Karl I., dem angeblich Großen, mit Gewalt unterworfen und danach abgeschlachtet worden, wenn sie sich nicht taufen ließen. Derweil wollten sie halt nur lieber unter ihren heiligen alten Donar-Eichen eine Art heidnischer Maiandachten abhalten, mit ihren Kriegsbeilen im Freien unter den Laubbäumen herumspringen und nach dem Abfieseln von Wildschweinen und kräftigem Mettrinken noch ein paar »Freilufthupferl« ausprobieren.

In Bayern, das durch die Brutalität Kaiser Karls I. gegenüber Herzog Tassilo seine beliebten Agilolfinger Stammesfürsten verloren hat, wurde das Köpfen der Taufverweigerer unter den Sachsen nie gutgeheißen. Aber man konnte es sich leicht erklären, warum sich diese um einen Kopf kürzer gemachten Sachsen dann hinterher einfach Niedersachsen nannten. Dabei wäre es schon damals im Sinne der preußisch-bayerischen Verbrüderung weit sinnvoller gewesen, wenn Kaiser Karl einfach bayerische Klosterbrüder und Vereinsvorstände zu den heidnischen Sachsen und Friesen geschickt hätte. Die frommen Bayern hätten ihnen halt schonend beigebracht, wie man ordentliche, überdachte Kirchen und Kapellen bauen kann, darin zuerst erbauliche Lieder zu singen hat um erst danach als lustige Holzhackerbuam aufzutreten und sich mit den feschen Dirndln den

Bräuchen der irdischen Feiern und den Liebesspielen zu widmen. Und sie hätten ihnen mit den Beispielen von Fußwallfahrten mit Übernachtung im Heuschober, von Waldandachten oder Feldmessen mit Lagerfeuer und Grillfesten auf unblutige Weise gezeigt, wie man in Bayern auch das Angenehme mit dem Christlichen verbinden kann.

Alle diese Stämme im Norden und Westen Deutschlands – von Teilen des heutigen Hessens, Rheinlands, Westfalens über die Küstenländer wie Niedersachsen, Schleswig und Holstein bis zu den Hansestädten – hatten allerdings lange noch keine blasse Ahnung davon, dass sie eines Tages mit dem im heutigen Polen und Russland liegenden östlichen Herzogtum Preußen vereinigt und nach ihm benannt werden sollten. Wir geschichtsbewussten Bayern hingegen haben das gelernt, es uns gemerkt und sagen heute noch zu denen allen einfach nur »Preißen«.

Später jedoch, als das Kurfürstentum Brandenburg nach einer äußerst schwachen Rolle im Dreißigjährigen Krieg endlich unter dem Großen Kurfürsten Friedrich Wilhelm mit Hilfe ausländischer Lehrmeister wie der Hugenotten ein wenig Kultur als Pflichtfach einführte, da wurde sein Sohn Friedrich I. gleich so frech, dass er sich selbst zum König ernannte. Da er das als Brandenburger innerhalb des Kaiserreiches nicht durfte, nannte er sich einfach

Auch die »Kölner Funken« verarschen im Karneval das preußische Militär.

König von Preußen – nach einem Landesteil, der kurz vorher noch zu Polen gehört hatte. Bayern hat nichts dagegen unternommen, nicht einmal widersprochen, denn den Bayern war es immer schon Wurscht, wie sich andere benennen oder betiteln, sie wollen andere in Ruhe lassen, aber sie wollen auch, dass andere sich in Bayern nicht einmischen. Als dieses Königreich Preußen dann den gesamten Norden Deutschlands von der Nordsee über die Ostsee bis an die Grenzen Litauens umfasste, nach und nach zur militärischen Großmacht aufstieg, als diese zur Führungsmacht des Deutschen Reiches wurde und in der Kolonial- und Weltpolitik der europäischen Nationen mitmischte, da gehörten die genannten Stämme dann plötzlich alle gerne zu Preußen. Auch wenn sie zwischendurch die zeitweise da und dort, etwa im Rheinland als Besatzung, einmarschierten preußischen Mustersoldaten nicht ausstehen konnten und deren Exerzier-Tick heute noch durch die »Kölner Funken« verspotten lassen: Trotz allem halten sie diese Erinnerungen immer noch hoch – etwa im Sport, zum Beispiel im Eishockey bei Preußen Krefeld oder im Fußball mit Borussia Mönchengladbach und Borussia Dortmund.

Nur wenn man all diese Volksstämme aus historisch wie geographisch vereinfachter bayerischer Fernsicht heute noch schlicht »Preußen« nennt, wundern sie sich darüber oder sind sogar gekränkt. Aber sollen denn wir sesshaften und historisch getreuen Bayern auf unserem langen Marsch durch die Ge-schichte wegen ein paar politischen Veränderungen alle drei- bis vierhundert Jahre schon hektisch wieder unsere richtig gelernten Bezeichnungen ändern?

Woher sind die Preußen gekommen?

Aber wo waren denn die echten Urpreußen in den ersten rund 1000 Jahren bayerischer Staatstradition vom Ende der Römerherrschaft bis zur Entdeckung der Preußen für geschichtliche

Bayerischer Verdacht: Haben die Preußen 1000 Jahre auf Bäumen geschlafen?

Zwecke und ihre Aufnahme in die Lehrbücher? In den bayerischen Wirtshäusern wurde häufig eine nicht ganz falsche, aber doch etwas zu vereinfachte Darstellung verbreitet: Danach hätten die Preußen zu Zeiten, als in Bayern bereits seit 1000 Jahre höchste abendländische Kulturleistungen erbracht wurden, immer noch an den weiten Masurischen Seen mit Würmern an krummen Holznägeln Fische geangelt, dort rund um die großen Sümpfe Wildschweine und Schnepfen gejagt oder auf der Heide Zuchtversuche mit wolligen Schnucken getrieben, zwischendurch mit den Polen gerauft und noch auf den Bäumen ihre Räusche ausgeschlafen. Das ist natürlich eine leichte polemische Übertreibung, die vielleicht auch vom Neid diktiert sein mag. Denn auch bayerische Männer tun nichts lieber als jagen, fischen und nach Preußenschnucken Ausschau halten. Zum Raufen dagegen bevorzugten sie früher, als das noch Volkssport war, natürlich lieber die benachbarten Tschechen oder Tiroler.

Aber irgendetwas Wahres muss an den schaurigen Gerüchten über die frühen heidnischen und wilden Preußen schon dran gewesen sein, denn bis zum Jahre 1230 kommen sie höchstens in der polnischen oder litauischen Geschichte vor. Da finden sie jedoch verständlicherweise nicht gerade eine freundliche Erwähnung, außer dass man wahrscheinlich dort die Bezeichnung »Preißen« damals für ein Schimpfwort hielt und in der Geschichtsschreibung daher nur vornehm lateinisch von »Borussia« und den »Borussi« redete. Die Polen und Litauer waren vermutlich schon damals weitaus katholischer und marianischer als alle anderen Christenmenschen. Dagegen weiß man von den alten Preußen nicht einmal, ob sie überhaupt gebetet haben, geschweige denn, was und zu wem. Nur weil Karl der Große noch gar keine Ahnung hatte, dass es sie gab und wo sie sich im fernen Osten Europas im Wald herumtrieben, konnte er sie nicht rechtzeitig christianisieren oder notfalls durch Köpfen wie die Sachsen zu »Niederpreußen« machen. Erst um 1230 hat dann der Herzog Konrad von Masowien (nicht Masochien, sondern Masurenland) die Kreuzritter des Deutschen Ordens in den Osten des Reiches zu Hilfe gerufen und zwar »zur Bekehrung und Unterdrückung der heidnischen Preußen«. Welch eine historische Fehlentscheidung! Entweder man hätte sie bis heute lassen sollen, wo und wie sie sind, oder man hätte sie ordentlich auf Bayerisch bekehren und auf barocke Weise katholisch machen müssen.

Wie hätte man die Preußen richtig bekehrt?

Warum hat der Herzog Konrad nicht lieber die Bayern zu Hilfe gerufen? Die hätten es in ihrer unendlichen Gutheit und Langmut mit den Preußen erst noch ein paar Mal im Guten versucht statt wie die alten Kreuzritter gleich mit den Schwertern draufzuhauen.

Die bayerischen Missionare hätten den wilden Preußen bestimmt erst einmal ordentliche Volkstrachten verpasst und nicht gleich von Anfang an eine Tracht Prügel. Dann hätten die heutigen Preußen auch schon von ihren Vorfahren überlieferte Hirschlederhosen und – als Trophäen am Hut – Schnepfenfedern und müssten nicht als Erstes vom Münchner Hauptbahnhof gleich in die nächste Trachtenboutique rennen um sich einen Oktoberfest-Anzug aus afrikanischem Springbock mit »Sepplhut« dazu anmessen zu lassen. Und ebenso hätten die Preußenmädels eigene »Masuren-Dirndl«, lange warme Strümpfe aus Schnuckenwolle und so viele leinene Unterröcke, dass man sie fast schon wieder für Jungfrauen halten könnte. Die Bayern hätten als Missionare den Preußen gesittete Volkstänze und erotische Schuhplattler beigebracht statt ihrer wilden Kriegstänze, die sie erst in den zwanziger Jahren dieses Jahrhunderts in Berlin halbwegs zivilisiert und zu Charleston oder Jitterbug umgemodelt haben.

Vor allem aber hätten sie rechtzeitig ein gescheites Bier eingeführt, das nicht so stark ist, damit man mehr davon trinken kann. Und statt Wildsäuen, als Ganzes am Spieß gebraten, ein duftendes ge-

räuchertes Wammerl mit Kraut, eine tranchierte Schweinshaxn von der veredelten Mastsau samt Knödeln und Soß. Außerdem noch viele Mehlspeisen zum Versüßen der dringend empfohlenen christlichen Fasten- und Starkbierzeit nebst anderen Schmankerln. Und in der Sexualkunde hätten die bayerischen Volksmissionare die Preußen vom »Freilufthupferl« aufs Fensterln umgeschult. Das hätte allerdings zuvor Hausbauten von mindestens zweistöckiger Höhe vorausgesetzt, sonst hätte man durch die Dachschindeln einsteigen müssen.

Da wären dann die Urpreußen vielleicht vor lauter Gemütlichkeit und Selbstzufriedenheit auch so sesshaft geblieben wie die Bayern und nicht ständig heimatlos mit Kriegsbeil und Flinte durch die Weltgeschichte geirrt. Aber die Geschichte verlief leider anders und historische Fehlentscheidungen sind nie korrigierbar.

Irgendwie muss den Preußen aber das Bekehren und Unterdrücken seitens der Deutschordensritter imponiert haben, sieht man davon ab, dass sie auf der falschen Seite waren. Denn genau das Gleiche versuchen sie seit ihrem Eintritt in die Geschichte andauernd mit uns Bayern. Damit sind sie aber dummerweise gerade an die Falschen geraten, denn Bayern sind zwar geduldige Menschen, aber es gibt hier schon eine stehende Redewendung: »Alles

Unaufgeforderte Einmischung Preußens in die bayerische Geschichte: ein trojanisches Pferd?

brauchen wir uns von den Preußen auch nicht gefallen lassen« – und bekehren oder gar unterdrücken schon gleich gar nicht. Trotzdem lassen die mit ihren penetranten Versuchen der Umerziehung – heute über nahezu alle Medien – niemals nach.

Im Gegensatz zum Beispiel zu den Benediktinern, Franziskanern und Paulanern in Bayern hatte freilich der Deutsche Orden die Bekehrung und Unterdrückung der Preußen damals so maßlos übertrieben, dass diese sich sogar mit den Polen gegen die Deutschritter verbündet und sie bei Tannenberg vernichtend geschlagen haben. Einer von deren Hochmeistern, Albrecht von Brandenburg, verwandelte schließlich 1525 Preußen in ein weltliches – allerdings noch von Polen abhängiges – Herzogtum. Das hat dann der Brandenburger Kurfürst Johann Sigismund mit der Mark Brandenburg vereint und Kurfürst Friedrich Wilhelm hat es von Polen losgelöst. Von da an spielt das vereinigte Brandenburg-Preußen praktisch in der Oberliga der europäischen Völker mit. Es kämpfte zunächst aber vorwiegend mit Österreich, erst 1866 auch gegen Bayern und dann schließlich um die Vorherrschaft gegen den Rest der Welt – bis zur Auflösung Preußens 1945 ins politische Nichts. Danach haben bis zur Wende 1990 nur noch Historiker und die treuen Bayern den Namen »Preußen« und damit die Erinnerungen daran aufrechterhalten.

Wie Preußen doch einmal angenehm aufgefallen ist

Nach mehr als einem Jahrtausend nahezu völliger Unauffälligkeit der Preußen – aus bayerischer Sicht und Interessenlage –, ja sogar noch im Dreißigjährigen Krieg, ist der vom Nordwesten bis Nordosten Deutschlands vereinigte Staat Preußen den Bayern erst etwa Anfang des 18. Jahrhunderts überhaupt aufgefallen: wider Erwarten aber zuerst gar nicht einmal so unangenehm. Erst etwa seit der Mitte dieses 18. Jahrhunderts überschneidet sich dann die politische Geschichte von Bayern und Preußen und ab dem 19. Jahrhundert hat sich Preußen dann ständig und völlig unaufgefordert in die bayerische Weltgeschichte eingemischt. Die hatte sich bis dahin nach nur kurzen, fehlgeschlagenen Ausflügen in die Großmachtpolitik vorwiegend in der Überlebenskunst der bayerischen Eigenständigkeit durch eine Machtbalance zwischen den Großmächten Frankreich und Österreich abgespielt.

Ab dem 18. Jahrhundert musste Bayern sich nämlich unter seinen Kurfürsten immer verzweifelter gegen die ständigen imperialistischen Machtansprüche der Habsburgermonarchie im gesamten Alpen- und Donauland wehren, ebenso auch gegen die Begehrlichkeit der Franzosen hinsichtlich der bayerischen Rheinpfalz.

Als die österreichischen Kaiser am

stärksten, die Franzosen weit weg und mit ihrer Revolution beschäftigt waren, geriet Bayern immer mehr in habsburgische Bedrängnis. Da kamen plötzlich von Norden die vorher kaum beachteten Preußen daher. Noch nicht mit militärischem, auch noch nicht mit touristischem Einmarsch, sondern mehr durch politische Vorstöße. Vielleicht nicht aus direkter Liebe zu uns Bayern, sondern mehr um die Größe und Machtansprüche der Habsburger in Österreich besser einzudämmen, hat Preußen damals noch mehrmals energisch für die Erhaltung der Eigenständigkeit Bayerns gekämpft. »Reschbeckt!«, hätte man sagen können und »Weiter so, Preußen!«, wenn diese vorbildliche Haltung nur lange genug angehalten hätte. Aber Bayern war halt leider immer zu klein und zu schwach um selbst eine Großmacht in Europa zu werden, aber zu groß und stark, als dass Österreich, Frankreich oder Preußen es hätten hinnehmen können, wenn eine der beiden anderen Mächte sich um die altbayerischen Lande vergrößern hätte wollen.

Nach dem sinnlosen Österreichischen Erbfolgekrieg, bei dem der bayerische Kurfürst Karl Albrecht sein zweifelhaftes Erbrecht an Österreich durchsetzen wollte, hat der Preußenkönig Friedrich der Große im bayerischen Erbfolgekrieg 1778/79 Bayern kräftig gegen

»Was schreibt denn der Brehm? Wo kemman denn auf oamoi de Preißen her?«

Österreich und seinen land- und macht-gierigen Kaiser Josef II. geholfen. Der hatte nämlich in der Stadt Straubing schon voreilig einmarschieren und gleich die Huldigung für sich anordnen lassen.

Nicht genug, dass seine kaiserliche Armee 1706 den Aufstand der ober- und niederbayerischen Bauern gegen die Unterdrückung durch die österreichische Besatzung noch erbarmungslos niedergemetzelt hat, als sie sich schon ergeben hatten. Nicht genug, dass die österreichischen Panduren und Husa-ren bei ihren Einfällen in Bayern auf eine so brutale Weise unter der Zivilbe-völkerung gehaust haben wie zuvor nur noch die Schweden im Dreißigjährigen Krieg – Österreich wollte sich Bayern mit aller Gewalt einverleiben um damit wieder die stärkste Großmacht in Euro-pa zu werden. Josef II. hat deshalb da-mals nach dem Kartoffelkrieg, wie man den Bayerische Erbfolgekrieg auch nannte, dem geschwächten Kurbayern nicht nur das liebliche und fruchtbare niederbayerische Innviertel mit den alten bayerischen Barockstädten Braun-au, Schärding und Ried im Innkreis weggenommen – ein bisschen vielleicht auch zu unserem Glück, denn sonst müssten wir uns heute sagen lassen, Hitler sei ein Bayer gewesen. Nein, er wollte sein Österreich gleich noch der Donau entlang bis nach Regensburg ausdehnen, also von Bayern das damals reiche Niederbayern ganz abtrennen um dann den alpenländischen Rest durch Umarmung zu erdrücken.

Das hat der »Alte Fritz« dann im Frie-den von Teschen gemeinsam mit Frank-reich verhindert – zwar aus preußi-schem Machtinteresse, aber dennoch zum Wohle Bayerns. Es hat also in der Geschichte spät, aber immerhin zuerst recht gut angefangen mit Bayern und Preußen und es hätte daraus sogar in der Politik der Anfang einer wunderba-ren Freundschaft werden können. Man

Der »Alte Fritz« als Helfer Bayerns

könnte sich heute zumindest wieder die Einführung eines neuen bayerischen Feiertages überlegen – zur Erinnerung daran, dass die Preußen im vergangenen Jahrtausend, wenn auch aus Eigennutz, wenigstens auch etwas Anständiges für Bayern getan haben, was man den Habsburgern und unseren österreichischen Stammesverwandten nie nachsagen konnte.

Zu denken wäre da beispielsweise an große Volksfeste, bei denen zur Erinnerung an den Kartoffelkrieg, Preußens König, den »Alten Fritz«, und an Österreichs Kaiser Josef II. an öffentlichen Kartoffelfeuern Wiener Würstl oder Schnitzel mit Pommes Fritz und flambierte Panduren-Spieße verkauft werden. Und dazu natürlich jeweils eine flammende historische Rede des bayerischen Ministerpräsidenten Edmund Stoiber über »die roten Kartoffeln an der Macht«, nämlich gegen die unheilige Sozi-Allianz in Europa mit dem Preußen Gerhard Schröder, dem Franzosen Lionel Jospin, dem Engländer Tony Blair und dem Österreicher Viktor Klima.

Doch zurück zur langen Vorgeschichte des heutigen Verhältnisses zwischen Bayern und Preußen unter nicht unerheblicher Berücksichtigung unserer gefährlichen Brüder und Schwestern im Alpenglühn, der tückischen österreichischen Verwandten. Nach den teuren und erfolglosen Kriegsabenteuern des

Stoiber, besorgt über rote Preußen

einzigen wirklich machtgeilen und imperialistisch verblendeten Kurfürsten Max Emanuel im Spanischen und nach den schweren Verlusten durch Österreich im Österreichischen und Bayerischen Erbfolgekrieg hatte das geschundene und ausgeblutete Land der Bayern überhaupt keine Kraft mehr, geschweige denn Lust, sich weiter in den Machtspielen zwischen Habsburgern, Wittelsbachern und Hohenzollern verheizen zu lassen. Auch die nun an ein ungeliebtes altbayerisches Erbe gelangte Pfälzer Linie der Wittelsbacher hat lange gehofft sich durch friedliche Anlehnung an Bayerns »Erbfeind« Österreich dessen Unterstützung bei der Verteidigung der linksrheinischen Pfalz gegen Frankreich zu sichern und dabei

Napoleon: »Bayern fehlt Käse und Wein – also Schwaben und Franken her!«

die Voraussetzungen für einen Tausch des groben bäuerlichen Altbayern gegen etwas Besseres, etwa die feinen Niederlande, zu schaffen.

Immerhin konnte sich Bayern für längere Zeit nun der wirtschaftlichen Erholung, den blühenden Künsten und der vom schweren Barock zum leichten Rokoko übergehenden Baukultur widmen – bis der General und spätere Kaiser Napoleon Bonaparte über Europa hereinbrach. Diese Zeit ist schnell erzählt, denn sie hat mit Bayern und Preußen direkt wenig zu tun.

Bayern verbündete sich nach der ersten Niederlage gleich mit Frankreich, denn widerstehen hätte es der Armee Napoleons sowieso nicht können. Altbayern verlor zwar die linksrheinische Pfalz an Frankreich, wurde aber dafür rechts-

rheinisch durch Säkularisation geistlicher Staaten und Enteignung kirchlichen Besitzes, durch Einverleibung reichsunmittelbarer Reichsstädte oder Reichsklöster um die Fürstentümer und Fürstbistümer, Grafschaften und geistlichen Hochstifte der heutigen Regierungsbezirke Schwaben sowie Ober-, Mittel- und Unterfranken mehr als entschädigt. Dabei hatten die protestantischen Herrschaften in Franken zuvor großenteils zum preußischen Machtbereich und zur Verwandtschaft der Hohenzollern gehört. Deshalb ist die manchmal abfällig über diese im Freistaat immer unzufriedenen »Beutebayern« verhängte Abwertung zu »Südpreußen« historisch gar nicht so falsch. Jedenfalls hat Kaiser Napoleon dann 1806 Bayern zum Königreich erhoben, was aber unter Bezug auf die »Stammeskönige« der alten Agilolfinger mehr als »Wiederrichtung« des alten Königreiches Bayern aus eigener Souveränität dargestellt wurde. Das musste natürlich geglaubt werden, aber irgendwie muss Napoleon die Wittelsbacher auf diese jahrhundertelang völlig vergessene Idee gebracht haben. Immerhin: Bayern hat nicht nur die Wirren der napoleonischen Zeit in seinen alten Grenzen überlebt, sondern sogar viel an Territorium dazugewonnen – bis heute.

Kronprinz Ludwig war damals bereits von nationaler »teutscher« Gesinnung, gegen Napoleon eingestellt und daher wieder stärker zur politischen Annäherung an Österreich und Preußen geneigt. Staatsminister Montgelas schaffte es, dass das Königreich Bayern rechtzeitig wieder die Fronten wechselte und nach dem Ende der Herrschaft Napoleons bereits 1814 auf dem Wiener Kongress in den »Deutschen Bund« eintrete und dabei sogar den größten Teil seiner alten und neuen Besitzungen als Beute behalten durfte.

Bayern verstand sich als eine europäische Mittelmacht ohne eigene machtpolitische Ziele, zufrieden mit der sogenannten »Trias-Idee« König Max' II. Der glaubte, Bayern und die anderen deutschen Mittel- wie Kleinstaaten müssten sich zu einer »dritten Kraft« zusammenschließen um die Balance zwischen Preußen und Österreich zu

halten. Doch wo es um ihre Machtinteressen ging, scherten sich weder Preußen noch Österreich um Bayern und seine Treue zum Deutschen Bund. Die Sachsen versuchten zwar ständig Bayern stärker zum gemeinsamen Widerstand gegen die preußische Vormachtpolitik zu mobilisieren, aber der König, der heute auf dem Max-II.-Denkmal unter dem Bayerischen Landtag trohnt, war mehr an Wissenschaft und Kunst interessiert als an Politik und Militär. Bayern wollte sich ja in Preußens Politik nicht einmischen, sondern immer nur selbst friedlich überleben und ehrlicher Makler sein.

Wie Preußen Österreich als Erbfeind ablöste

Doch der alte preußische Fuchs Bismarck versuchte immer wieder Keile zwischen München und Wien zu treiben, weil er die Österreicher – deren Imperium nur zum geringsten Teil deutsch und überwiegend aus anderen Nationalitäten zusammengesetzt war – als Konkurrenz ansah und aus dem Deutschen Bund drängen wollte. 1866 fühlte Preußen sich stark genug und beantragte den Ausschluss Österreichs aus dem Deutschen Bund. Bayern – wie die anderen deutschen Klein- oder Mittelstaaten – wurde dann von den Österreichern in die Bündnispflicht genommen und damit in die erste gemeinsame

Seit 1866 haben Preußens Kaiser …

ern hintenherum auszutricksen, bezahlte auch Bayern gleich zähneknirschend 30 Millionen Gulden Kriegsentschädigung an Preußen, musste dazu zwei fränkische Bezirksämter abtreten und schloss dann ein »freiwilliges« Schutz- und Trutzbündnis mit Preußen.

Seither haben die Preußen mehr oder weniger diplomatisch oder direkt die bayerische Politik bestimmt und bevormundet. In München wurde als Widerstand gegen den »Borussianismus«, diese von vielen zugewanderten arroganten Nordlichtern geschürte deutschnationale Preußen-Begeiste-

militärische Niederlage gegen Preußen mit hineingezogen.

Der berüchtigte Sechsundsechziger-Sommerkrieg vom Juni und Juli 1866, in dem man zum letzten Mal als Bayer legal auf die Preußen schießen durfte, wenn auch mit schlechteren Gewehren, hat den jungen König Ludwig II. vom ersten bis zum letzten Tag überhaupt nicht interessiert. Dieser Krieg endete mit der von Österreich verlorenen Schlacht von Königgrätz und Preußens Sieg gegen die Bayern und Württemberger bei Würzburg mit anschließender Besetzung Frankens. Als Österreich dann versuchte bei geheimen Friedensverhandlungen wieder einmal die Bay-

… und Kanzler Bayern bevormundet.

Bayerische Theorie: »Die Preißn ham unsern Kini ertränkt – wer denn sonst?«

rung, eine »Bayerische Patriotenpartei« gegründet.

Sie wollte den absehbaren Weg Bayerns in das preußisch dominierte Deutsche Reich und in die unausweichliche Katastrophe der preußischen Großmachtträume noch verhindern, hatte aber – ohne Rückhalt beim unpolitischen Schlossbauer und schöngeistigen Monarchen Ludwig II. – nicht mehr die Kraft dazu.

Der ließ sich nämlich – gegen die flehentlichen Beschwörungen der »Bayerischen Patrioten« – indirekt nötigen und direkt mit Zuschüssen zum Schlösserbauen etwas bestechen, in Versailles den Preußenkönig Wilhelm I. zum Kaiser zu krönen. Dafür waren die Bayern wieder gut und erwünscht, weil sie eben etwas von Schönheit und Würde, vom Feiern und Repräsentieren verstehen.

Dass es nur die Preußen – über die Person des Irrenarztes von Gudden – gewesen sein konnten, die schließlich den schönen Bayernkönig im Starnberger See ertränkt haben, bezweifelt in Bayern kaum jemand – und wenn, dann nur ungern. Außerdem gilt der bayerische Rechtsgrundsatz: »Wer waar's denn sonst gwesn?«

Ob es wahr ist, kann niemand beweisen, aber es wäre den meisten Altbayern die liebste von allen Varianten an Mord- und Selbstmord-Spekulationen.

Die Preußen waren jetzt an allem schuld

Das Königreich Bayern hatte während des 19. Jahrhunderts vor allem die Wissenschaften und Künste gepflegt – auch unter starkem Einfluss der ins Land gedrängten und zum großen Teil auch geholten »Nordlichter«. Bayern hatte eine viel schönere, aber nach Max Emanuel immer nur schlecht gerüstete Armee, es war daher militärisch den Preußen immer weit unterlegen. Diese schossen nicht nur im Krieg rücksichtslos auf die Leut, sondern erhoben auch noch alles Militaristische zum höchsten Gut eines Volkes. Damit war das friedliche und selbstgenügsame Agrarland Bayern auch im Ersten und Zweiten Weltkrieg an die preußischen Großmachtträume gekettet. Von 1871 an verlor Bayern Zug um Zug seine politische Souveränität einschließlich der eigenen bayerischen Eisenbahn und mit den Preußen gemeinsam dann jeden von Bayern nicht gewollten Krieg.

Das 20. Jahrhundert begann noch mit Preußens Glanz und Gloria, der Preußenkönig war zugleich Deutscher Kaiser und betrieb eine militärische Großmacht- und Kolonialpolitik, die freilich auch in Bayern von immer mehr Deutschnationalen begeistert mitgetragen wurde. Jeder Jahrestag des Sieges über die Franzosen von 1870/71 wurde an immer größeren und scheußlicheren Kriegerdenkmälern auch mit schwülsti-

»Kucken se mal rüber, Jefreiter! Schon deutschnationaler Jubel in Bajan?«

gen bayerischen Reden und weißblau-
em »Heldengedenken« mitgefeiert.
Immer weniger prominente Bayern ge-
trauten sich noch, nicht dem »Deutschen Flottenverein« beizutreten, und
immer mehr bayerische Stadtknaben
mussten auf Wunsch ihrer fortschrittli-
chen Eltern in einem dünnen »Matro-
senanzügerl« herumlaufen statt mit
einer Lederhose. Aber die Mehrheit der
friedlichen Bayern in ihrem schönen
und gemütlichen, aber militärisch
längst völlig machtlosen Königreich
unter dem alten Jäger, Prinzregent
Luitpold, und dem »Millibauer« genannten, mehr landwirtschaftlich interessierten König Ludwig III. wurde
nicht nur in einen deutschen National-
rausch, sondern eben auch in den
Ersten Weltkrieg mitgerissen.
Dem folgte dann die Weimarer Republik unter »preußischer« Dominanz und
aussichtsloser bayerischer Gegenwehr
unseres nur noch teilweise und formal
souveränen Freistaates gegen den Zentralismus im Berliner Reichstag. Danach in der alten »Hauptstadt der Be-
wegung« nicht mehr ganz so unschuldig riss uns der aus Österreich
stammende, aber erst im preußischen
Berlin richtig an die Macht gekommene
Diktator Adolf Hitler mit in das Dritte
Reich samt dem Zweiten Weltkrieg
hinein. Jedenfalls trug zuletzt noch ein
gewisser Reichsfeldmarschall Hermann
Göring neben vielen anderen Orden,
Ehren- und Spitznamen auch den lee-

ren Titel eines letzten »Ministerpräsidenten von Preußen«. Selbst als Bayer
muss man zugeben: einen solch fetten
Lebemann und dummdreisten Popanz
wie diesen hat das historische Preußen
als letzten Staatsrepräsentanten wirklich nicht verdient. Und noch weniger kann es einen geschichtsbewussten
bayerischen Patrioten freuen, dass nach
jahrhundertelangem Kampf um die
Vorherrschaft mit Österreichs Kaiserreich der Untergang Preußens ausgerechnet durch diesen österreichischen
Proleten Adolf aus dem ehemals bayerischen, von Österreich annektierten
Braunau herbeigeführt wurde.

Mit Hitler und Göring zusammen ver-
schwand nicht nur der Name des Staates Preußen, sondern auch der des
Staatsvolkes weitgehend aus der deutschen Politik. Nicht einmal ein kleines
Bundesland Preußen ist davon übrig geblieben, auf das man das traditionelle
bayerische Schimpfen über die jeweiligen Bundesregierungen konzentrieren
könnte. Berlin, die Hauptstadt Preußens, war rund 40 Jahre geteilt und ein-
geschlossen, das alte preußische Kernland im Osten war durch die Niederlage im Zweiten Weltkrieg teils an
Russland, teils an Polen verloren
worden. Der kärgliche Rest rund um
Berlin nannte sich nicht mehr Preußen,
sondern DDR, gab sich als sozialisti-
sches Arbeiter- und Bauernparadies aus,
war aber ein Funktionärs-Paradies.

Erinnern wir uns als realistischen historischen Hintergrund für die eingefleischte Rivalität zwischen Bayern und Preußen nur an ein paar entscheidende Daten der neueren deutschen Geschichte in den letzten 100 Jahren vor Erscheinen dieses Werkes im Jahre 1999 – und dies jeweils in Zehnjahres-Sprüngen:

1899 – erste Haager Friedenskonferenz unter Teilnahme Preußens zur Verhinderung von Kriegen der europäischen Staaten.

1909 – Das vom Preußenkönig und Deutschen Kaiser Wilhelm II geführte Deutsche Reich befindet sich auf dem Höhepunkt seiner Weltmacht und gerät mit seinen imperialistischen Zielen immer mehr in die Konkurrenz zu den europäischen Kolonialmächten Großbritannien, Frankreich und Russland, ebenso in einen Rüstungswettlauf mit deren Flotten. In Bayern schwindet der Widerstand bayerischer Patrioten und es wächst der politisch-moralische Druck, als deutscher Patriot dem »Deutschen Flottenverein« beizutreten, egal ob man schwimmen kann oder nicht.
München leuchtet mit Kunst und Kultur, außerdem werden bereits die Vorbereitungen zur Jahrhundertfeier des Oktoberfestes mit Hochdruck betrieben, an dem nach dem Festzug im Königszelt auch die Huldigung für den 88-jährigen Prinzregenten Luitpold stattfinden sollte. Auch die pfälzischen Eisenbahnen gehören seit 1909 zu den bayerischen. Die Bayern teilen stärker die preußische Begeisterung fürs Militär, denken aber nicht, dass das etwas mit Krieg zu tun haben könnte.

1919 – der Erste Weltkrieg ist verloren, ein Häuflein ungehobelter Revolutionäre hatte auch die bayerische Monarchie gestürzt, die linken Spartakisten errichten im Münchner Justizpalast ein Revolutionstribunal; gemäßigte und bolschewistische Sozis der tief zerstrittenen und gespaltenen Linken in Bayern grübeln über eine Volksrepublik mit Kurt Eisners Arbeiterräten nach, setzen aber doch einen Wahltermin für eine verfassunggebende Versammlung fest. Die Bayerische Volkspartei überlegt, ob man mit Oberösterreich, Salzburg, Nordtirol und Vorarlberg eine eigene Republik gründen könnte. Andere Politiker meinen, dass man besser Preußen spalten sollte, nämlich sich ohne Berlin und die bereits »von slawischem Einschlag verdorbenen« preußischen Ostprovinzen nur mit dem westelbischen Deutschland zu einem »Reichsbund« zusammenschließen.
In Bamberg wird 1919 die erste Verfassung des Freistaates Bayern nach dem Ende der Monarchie beschlossen; diese ist allerdings nur noch eine Ergänzung zur bereits seit dem gleichen Jahr bestehenden deutschen Reichsverfassung

von Weimar und kann ihre föderalistischen Ziele gegen den von den Sozialdemokraten übernommenen preußischen Zentralismus im Deutschen Reich nicht mehr durchsetzen. Die Preußen haben auch da schon wieder einmal schneller geschossen. Kurzum, alles Unheil, das den Bayern fortan das Leben verdrießt, kommt aus Berlin und damit von den Preußen.

1929 – Im Berliner Reichstag und im Münchner Stadtrat haben die Sozialdemokraten die Mehrheit, im Bayerischen Landtag nicht. Gegen Reichskanzler Braun wird aus Bayern der Vorwurf preußischer Vorherrschaft erhoben, der preußisch-militärische Kampfbund »Stahlhelm« tritt dafür mit Unterstützung von »Kaiserenkeln« in Bayern auf und Reichspräsident Hindenburg wird

Tölzer und Münchner Ehrenbürger. Die Spannungen zwischen Bayern und dem zentralistischen Reich nehmen zu und werden von den Nationalsozialisten in Bayern geschickt ausgenutzt, ebenso wie die Weltwirtschaftskrise nach dem »Schwarzen Freitag« in den USA.

1939 – Bayern ist schon nicht mehr Freistaat, sondern Reichsprovinz. Von der Reichsführung in Berlin wird der letzte Krieg unter preußischer Vormachtstellung ausgelöst, Bayern und Preußen liegen in einheitlichem Feldgrau wieder nebeneinander im Schützengraben oder im Gefangenenlager. Als 1937 geborener Autor war ich zwar in München schon an der Heimatfront dabei, lag aber noch nicht im Schützengraben, sondern in den vollen Windeln

»Komisch, z'erst hamma gega eich Preißn verlorn und dann immer mit eich!«

und bin daher wegen »der Gnade der späten Geburt« fast an allem Weiteren unschuldig.

1949 – Auf Initiative und tatkräftige Vorarbeit des – nur ohne Pfalz – gleich in seinen alten Grenzen wieder erstandenen Freistaats Bayern hin wird die Bundesrepublik Deutschland gegründet – zwar schon mit mir als Humanisten der 2. Gymnasialklasse, aber ohne ein Land Preußen.

1959 – Ich bin zum ersten Mal in meinem Leben in Berlin und sehe mich in West wie Ost Auge in Auge mit Originalpreußen in deren Heimat konfrontiert: Ossis äußerst vorsichtig, Wessis überraschend freundlich und sympathisch! Vermutlich ist in diesem Jahr auch sonst irgendetwas Wichtiges auf der Welt los. Das habe ich aber wohl nicht mitgekriegt, weil ich mich mit dem Studium in München und dort erstmals mit vielen preußischen Studenten herumschlagen musste.

1969 – In der Bonner linksliberalen Koalition beginnt wieder einmal eine deutsche Ostpolitik. Sie dient aber weder der Besiedlung noch der Wiederherstellung des historischen Preußen, sondern mehr der friedlichen Liquidation des im Krieg verlorenen Ost- und Westpreußen. Endgültig und klar gibt es seither Preußen nur noch in historischen Büchern und Ausstellungen so-

wie im Gedächtnis und Bewusstsein von uns Bayern wie mit Brandeisen eingeprägt.

1979 – Von mir und drei meiner Freunde erscheint das grundlegende Lehrbuch »Bayerns Preußen sind die besten«.

1989 – Mit der DDR bricht der letzte auf historischem preußischen Boden gegründete Fehlversuch eines eigenen deutschen Staates mit totalitärer, zentralistischer und sozialistischer Herrschaft zusammen. Das Volk der gemeinsam mit den Rest-Preußen hinter Mauer und Stacheldraht eingesperrten Sachsen macht dem Regime der DDR ein jähes Ende. Vor der Wiedervereinigung mit der Bundesrepublik Deutschland wird das Land noch in fünf Bundesländer gegliedert mit einem Nachbar- und Konkurrenz-Freistaat Sachsen dabei, aber auch im Osten ohne ein Land, das sich Preußen nennt – nicht einmal als neues Bindestrich-Land, zum Beispiel Preußen-Brandenburg.

1999 – Im bisher letzten für die Preußen-Forschung bedeutsamen Zehnersprung der Geschichte seit 100 Jahren hat in Deutschland gerade wieder eine relativ neue Koalition einen Politikwechsel mit ihren alten Rezepten begonnen: Sie versucht jetzt vehement, Deutschland wieder weitaus östlicher, nördlicher, sozialistischer, protestantischer und zentralistischer zu regieren – kurz, so absolut unbayerisch, wie es die Bayern immer schon resigniert in einem Begriff zusammengefasst haben: nämlich schlicht »preußisch«.

Die politische Entwicklung Preußens und Bayerns, zuerst im Deutschen Kaiserreich, danach im Freistaat Bayern und der Weimarer wie der späteren Bundesrepublik hat sich natürlich in diesen rund 130 Jahren seit dem Krieg von 1866 bis in fast alle Lebensbereiche hinein ausgewirkt: vom Militär bis zur Religion, von der Landwirtschaft bis zum Fremdenverkehr, von der Wissenschaft bis zur Industrie und von der Folklore bis zur Kunst. Preußen in Ost- und Westdeutschland setzten Bayern immer unter Druck, machten sich über alles eigenständig Bayerische nur lustig und stellten dann verwundert fest: »Diese ollen Bayan habn doch nischt wie Komplexe.«

Von Preußen, Sachsen und Schwaben

Eine Völkerkunde von der bayerischen Warte aus

Wenn man die Herkunft und die Entwicklung Preußens zu einem um zahlreiche deutsche Stämme vergrößerten Staat dargestellt hat, wird es Zeit den Begriff der Preußen näher zu erläutern – hier natürlich nach bayerischem Verständnis. »Bayern, deine Preußen« heißt ja schließlich, dass es um die Leute geht, die für Bayern als Preußen gelten oder die man zumindest in Bayern üblicherweise als Preußen bezeichnet – nicht etwa darum, wie diese sich untereinander selbst bezeichnen. Preußen, die in Bayern leben, wissen ja aus ihrem Alltag, dass sie Preußen sind, aber anderen Preußen irgendwo in Deutschland fehlt es da oft an Einsicht, historischem Grundwissen oder auch nur an Bekennermut.

Deutschland zerfällt geographisch und politisch in Bayern, Schwaben, Sachsen und Preußen. Am meisten mit sich zerfallen ist Preußen, dessen Bewohner sich untereinander Hessen, Rheinländer, Hamburger, Holsteiner, Westfalen, Niedersachsen, Mecklenburger, Pommern und wer weiß wie sonst noch was heißen.

Bayern und Schwaben – respektvolle Verständnislosigkeit

Bayern und Schwaben teilen sich brüderlich den Süden Deutschlands und sind sich durch eine respektvolle Verständnislosigkeit füreinander herzlich verbunden. Während etwa Bayern innerhalb seiner Landesgrenzen noch eigene Schwaben züchtet, lässt das baden-württembergische Schwaben auf seinem Gebiet keine Bayern aufkommen. Die Schwaben leiden manchmal unter dem quälenden Verdacht, dass das von ihnen durch ernstes Schaffen erwirtschaftete Sozialprodukt von den Bayern in lückenloser Festesfolge fröhlich verprasst wird.

Die Bayern dagegen leiden darunter ganz und gar nicht. Sie sind umgekehrt davon überzeugt, dass die Schwaben ein

Bayern als »die letzten Preußen« hielten den Blick auf Deutschland offen.

Volk sind, das vor Jahrhunderten wegen übertriebener Sparsamkeit mit Recht aus Schottland vertrieben wurde, was aber in Bayern niemanden stört, solange sie diese seltsame Veranlagung nicht hier austoben können. Von dieser Geschichte wollen wiederum die Schwaben gar nichts wissen.

Solche Missverständnisse entstehen vorwiegend aus einem kleinen Unterschied: Die Württemberger Schwaben leben gern heimlich gut, die Bayern leben lieber unheimlich gut. Die nichtsdestoweniger friedliche Koexistenz zwischen Bayern und Schwaben beruht vor allem darauf, dass beide von der Unverbesserlichkeit des anderen überzeugt sind und deshalb keinerlei Umerziehung versuchen. Diese Zusammenhänge muss man allerdings kennen um die schwierige Geographie des restlichen Deutschlands mit seiner Nord-Süd-Kluft zu verstehen.

Gemeinsam auf der Südschiene – Bayern und Sachsen

In der heutigen politischen Geographie liegt aber neben Baden-Württemberg und Bayern auch Sachsen und zum Teil noch Thüringen auf der sogenannten Südschiene. Das heißt nicht, dass es sich dabei um Bahndamm-Länder oder gar um Länder entlang eines Abstellgleises handelt. Außerdem bedeutet das nicht, dass sich die Menschen dieser Länder der Südschiene in einem Konflikt mit den Menschen der Nord- und Nordostschiene befinden und überall sofort raufen müssten, wo sie aufeinander stoßen. Vielmehr sind das die letzten noch nicht wie die auf der nord- und nordostdeutschen Schiene sozialistisch regierten Länder in Deutschland, die noch einen Ministerpräsidenten der Union haben und eine Regierung, die zumindest von der Union angeführt wird. Der politische Konflikt betrifft somit vorwiegend Politiker und ihre Parteien.

Was Schwaben, Bayern und Sachsen – jenseits aller Bruderliebe oder Völkerfreundschaft – von ihrer politischen Grundmentalität her einigermaßen zusammenhält und von den meisten anderen Ländern unterscheidet, ist die Überzeugung der Mehrheit ihrer Bürger, dass persönliche Freiheit, Eigenverantwortung und möglichst viel wirtschaftliche Unabhängigkeit höher einzuschätzen sind als Gleichheit und alleinige Verantwortung der Staatsbürokratie für alle Fragen der sozialen Versorgung und damit auch höher als die bequeme Abhängigkeit vom sozialistischen Staatsapparat und seinen Funktionären. Dies trifft natürlich hier wie dort nicht für alle Bürger gleichermaßen zu – bei den Thüringern zum Beispiel ist die Haltung sehr wacklig –, aber im Prinzip für die Mehrheit, sonst würde die ja auch Rot wählen.

Die Menschen in Sachsen haben vor Jahren in Leipzig – und vorwiegend am Montag – die damals leichtfertige Behauptung verbreitet: »Wir sind ein Volk!« Heute werden wir ehemaligen Brüder und Schwestern in West und Ost von unseren Politikern fast täglich, aber mindestens sonntags dazu aufgerufen, uns im Sinne der Völkerverständigung und inneren Einheit endlich besser kennen zu lernen. Damit wir dann eine solidere Grundlage aufbauen können für die nachhaltige Pflege all unserer bewährten Klischeebilder und aus der Nähe bestätigten Vorurteile.

Am besten haben wir Bayern uns ja immer mit den Völkern vertragen, mit denen wir nichts oder – außer vielleicht dynastischen Heiraten – nicht viel zu tun hatten. Zum Beispiel mit den Sachsen, die nach unseren verlässlichen Vorurteilen eben der Mentalität nach eher zu uns Südstaatlern gehören als zu den Preußen, weil auch sie nach dem Motto »Leben und leben lassen« ähnlich barock denken wie wir. Was Bayern und Sachsen betrifft, so gilt für uns wohl ungefähr dasselbe, was der englische Dichter George Bernard Shaw einmal über Engländer und Amerikaner gesagt hat: »Das Einzige, was uns trennt, ist die gemeinsame Sprache!«

Wir hören seit der deutschen Wiedervereinigung aus Sachsen manchmal Klagen über sogenannte Besser-Wessis. Damit können wir Bayern kaum gemeint sein, weil wir erstens noch südlicher liegen als Sachsen und weil uns zweitens beim Wiederaufbau und der Bevormundung der Sachsen die Cleverles aus Baden-Württemberg blitzschnell den Rang abgelaufen haben. Das haben sie wahrscheinlich vor allem deshalb getan, weil die Sachsen es in der Zeit vor dem Zweiten Weltkrieg versäumt hatten, sich wie die Bayern ihre eigenen – nämlich weniger puritanischen und mehr barocken – Schwaben zu züchten. Diese Lücke haben die Württemberger Schwaben sofort ausgenützt und die barocken Sachsen können zusehen, wie sie die Vorherrschaft dieser lustfeindlichen Sparkommissare wieder abschütteln und an bayerische Schwaben herankommen, die zwar auch »schaffe und spare« können, aber ebenso voll Lebensfreude feiern.

Der Begriff »Besser-Wessis« war bei uns in Bayern bis dahin sowieso völlig unbekannt. Erst nachdem uns allmählich deren Eigenschaften und Verhaltensweisen erläutert wurden, ist uns klar geworden: Ja, die kennen wir doch schon seit gut 150 Jahren! Solche hat damals König Max II. auch nach München geholt und der Ärger war fast der gleiche. Nur hießen die bei uns in Bayern nicht Besser-Wessis, sondern »Nordlichter«. Die waren zum Teil zu Hause, in Deutschlands Norden oder Westen, noch weithin unbekannte Glühwürmchen, doch kaum sind sie sie in bayerische Ämter und Würden gekommen, da glühten sie auf wie Osram-Birnen: heller als tausend Sonnen!

Im Volksmund nennt man allerdings bei uns in Bayern heute die importierten Besserwisser und notorischen Umerzieher auch nicht mehr Nordlichter, sondern – ganz im Gegensatz zu den echten Originalpreußen – einfach »Saupreußen«, denn Saupreuße – siehe einige Seiten weiter – wird man eben nicht durch Geburt, sondern durch Verhalten. Darum ist es überhaupt kein Widerspruch, wenn ein Bayer sagt: Zwei Dinge kann ich nicht ausstehen: Rassismus und Saupreußen!

Freilich hat auch Bayern nach der deutschen Wiedervereinigung den Sachsen bereitwillig Beamte zur Verfügung gestellt. Erstens hatten wir in Bayern ohnehin sehr viele Beamte, die wir gern für die deutsche Einheit geopfert haben. Darunter waren auch zahlreiche Exemplare von »Bayerns Preußen«, die in Bayern kaum aufgefallen waren, aber dann in Sachsen aufblühten wie bei uns einst die Nordlichter. Diese Leih-Preußen hatten natürlich dann in Sachsen ebenso große Sprachprobleme wie zuvor in Bayern.

Der Beamten-Verleih nach der Wiedervereinigung erfolgte aber auch aus einer alten Austausch-Tradition unserer Kurfürsten und Könige heraus: Die haben bei ihren häufigen Besuchen von Schloss zu Schloss nämlich nicht nur in der Staatskunst und Kulturpflege viel voneinander abgeschaut, sondern sich meist auch mit Beamten, Künstlern, Musikern, Köchinnen und Köchen, prächtigen Kutschen samt Kutschern mit Familien und mit edlen Rössern samt deren Stallknechten beschenkt. Sie haben sogar Prinzessinnen ausgetauscht wie andere Leute Münzen, Briefmarken oder Kochrezepte. In der Ahnenreihe der bayerischen Wittelsbacher wimmelt es nur so von schönen und auch weniger schönen Sächsinnen: Wegen der Heirat von Kronprinz Ludwig mit einer von ihnen müssen wir heute noch jedes Jahr auf die nach ihr benannte Theresienwiese um zur Erinnerung an diese Hochzeit das Oktoberfest zu feiern. Allerdings haben wegen dieser erlauchten Vorbilder nicht nur andere Adelige, sondern auch Ministerialen und bürgerliche Fachleute früher ständig hin oder her geheiratet. Doch trotz der engen Verwandtschaftsbeziehungen und der vielen bayerisch-sächhungen und der vielen bayerisch-sächsischen Mischehen können Bayern und Sachsen weiterhin Freunde bleiben.

Die Beziehungen zwischen Bayern und Sachsen in der gesamten Geschichte unserer heutigen Freistaaten waren nämlich weitaus besser, als die meisten von uns annehmen. Wir können zwar davon ausgehen, dass die Sachsen in den vierzig Jahren totalitärer Kommunistenherrschaft in der DDR nicht viel Gutes über uns Bayern erfahren und gelernt haben. Aber wir Bayern mussten trotz Zone, Mauer und Stacheldraht in der Schule in Geschichte auch die Sachsen durchnehmen. Da man dort überwiegend Kriege lernen muss – von der Völkerschlacht bis Leipzig-Einundleipzig – sind die Sachsen in unserem Unterricht aber erstaunlicherweise kaum vorgekommen. Zumindest haben sie weder direkte Kriege gegen Bayern geführt noch Bayern unter militärischen Druck gesetzt oder uns gar in Friedenskonferenzen Landesteile weggenommen. Außer vorübergehend im Dreißigjährigen Krieg mussten Bayern und Sachsen nie aufeinander schießen. Dadurch sind uns Bayern die Sachsen in der Geschichte bei weitem nicht so unangenehm aufgefallen wie die Preußen. Vielmehr hatten Sachsen und Bayern in den vielen Kriegen unserer Geschichte gegen Schweden und Türken, Österreicher, Franzosen und Preußen ähnlich viel zu leiden. Vor allem in den besonders schlimmen Kriegen, in denen wir jeweils mit einem der drei letzteren

Urlaub auf dem Bauernhof: Ein Sachse genießt seinen ersten Nach-Wende-Urlaub in Bayern.

Völker gegen ein anderes verbündet waren. Bayern und Sachsen waren in ihrer Geschichte immer tapfere Völker und treue Verbündete, sie hatten auch immer wieder starke Herrschergestalten. Aber sie hatten wohl nie die stärksten Diplomaten, denn die haben – zumindest gilt das für Bayern – immer die falschen Verbündeten ausgesucht, nämlich diejenigen, mit denen wir am Schluss jeden Krieg verloren haben: zum Beispiel mit Napoleon und Frankreich gegen Österreich, dann mit

Österreich gegen Preußen und schließlich mit den Preußen und Österreichern gegen Frankreich und den Rest der Welt.

Aus all diesen Gründen sind die Sachsen ähnlich wie die Schwaben eine eigenständige Rasse für sich und somit auch nach bayerischem Verständnis von Haus aus keine Preußen. Allerdings können sie in jedem Einzelfall natürlich durch eigenes Verhalten – sei es als Urlauber oder Einwanderer in Bayern – in die eine oder andere Kathegorie von Preußen vordringen, sei es, dass sie sich als Trachtenpreußen kostümieren oder gar als »Saupreußen, sächsische« aufführen.

Und jetzt zu den Preußen ...

Preußen breitet sich in Deutschlands Norden unendlich weit aus, bis es ganz oben auf der Landkarte an zwei Meere stößt, die von den Preußen aber in typisch schönfärberischer Weise Nordsee und Ostsee genannt werden wie Süßwasserseen, nur damit Bayern, Sachsen und Schwaben nicht merken sollen, dass ihr Wasser total sauer ist und – wie eben alles typisch Preußische – einen furchtbaren Wind macht und riesige Wellen schlägt.

Da aufgrund einer maßlosen politischen Unordnung in der Zeit nach dem Zweiten Weltkrieg heute weder Ostpreußen noch Westpreußen auf der Karte mehr zu finden sind, da Südpreußen – wie schon gesagt – eher als abfällige Bemerkung über abtrünnige Nordbayern gilt und Nordpreußen eine starke Übertreibung wäre, da ferner die Einteilung in Westdeutsche und Ostgoten wiederum teilweise auch Bayern, Sachsen und Schwaben umfasst, sprechen die Bayern der Einfachheit halber von dem nördlich des Mains gelegenen Deutschland schlicht als von »Preußen«. Schließlich haben ja hier nördlich der Maingrenze auch zeitweise die Hohenzollern regiert.

Preußen ist ein überwiegend flaches und windiges Land, meist stark durchnässt und mangels anderer Freizeitangebote sehr dicht besiedelt. Bayerische Forscher haben die an sich nahe liegende Theorie empirisch erhärtet, dass Preußen in der Urzeit ähnlich von Hochgebirgen und Seenlandschaften durchzogen war wie Bayern heute noch. Durch scharfe Beobachtung und exaktes Nachmessen wurde inzwischen ermittelt, wie schnell bayerische Berge durch unachtsam im Fels kratzende preußische Gipfelstürmer abgenutzt und bayerische Seen durch preußische Grundstückskäufer zugebaut werden bei gleichzeitig erhöhter Verdunstung durch Wasser verspritzende Sportarten. Daraus wird eines deutlich, was zu äußerster Wachsamkeit und Vorsicht mahnt: Die Preußen haben offenbar zuerst ihre eigenen Berge und Seen verbraucht und sich dann an den Norden Bayerns herangeschoben, wo die starke Abnutzung heute nur noch sanfte Mittelgebirge übrig gelassen hat; und jetzt sind sie dabei, als Touristen auch noch das bayerische Hochland einzuebnen und die Seen trockenzulegen. Rechnet man ausgehend von diesem nachmessbaren Verhalten zurück, so lässt sich abschätzen, dass Preußen geologisch nicht schon im Tertiär, sondern gewissermaßen erst im letzten Delirium entstanden ist.

In Preußen herrscht großenteils auch auf dem Land Seeklima, was natürlich auf die Dauer nicht gut gehen kann und jedes Jahr im Sommer wie im Winter große Fluchtwellen nach Süden auslöst. Zwar überleben die meisten dieser preußischen Zugvögel, deren Gezwitscher von Ulm bis zur Adria und vom Arber bis zur Eiger-Nordwand zu hören ist, trotz vieler Nachstellungen im Gastland, aber viele kehren nie mehr zurück.

Um sich das Geld für eine Reise in den Süden und einen Urlaub in Bayern oder durch Bayern hindurch zu verdienen, haben die Preußen riesige Industrien entwickelt und viele Feste und Feiertage geopfert. Nur aus Liebe zu Bayern arbeiten sie sehr fleißig, was die Bayern oft anerkennend mit dem Satz ausdrücken: Die Preußen tun uns alles mit Fleiß.

Im Bereich der Naturprodukte ist Bayern sowohl an weichen als auch an harten Eiern reicher und hat auch die fetteren Schweine vorzuweisen. Auch der Tagesausstoß der bayerischen Knödelwerke wird von Preußen nicht erreicht und ist allenfalls noch vergleichbar mit der Produktion schwäbischer Spätzle-Schnitzereien.

Preußen verfügt ähnlich wie Schwaben über ergiebige Weinberge, Bayern über sehr nahrhafte Butterberge und Käsehalden. Entsprechend hoch ist in Preußen deshalb auch die Essigproduktion, der jedoch keine Ölvorkommen entsprechen. Und Bayern hat den Salat.

Der preußische Boden enthält viele Erze, was durch die gesamte Geschichte hindurch die Luft in Preußen viel eisenhaltiger machte als anderswo. Die Bayern gewinnen das Eisen für ihre bekannt eiserne Gesundheit immer noch aus dem Spinat, weil es hier Erz nur noch in Erzbistümern der Kirche gibt, die daraus Erzbischöfe gießt, die deshalb gerne leicht angerostete Ansichten vertreten.

Die wertvollsten Naturschätze der Preußen sind ihre Kohlen, für die sie in Bayern starke Abnehmer finden – vor allem in berühmten Beutelschneidereien der Touristikzentren. Mit Hilfe ihrer mitgebrachten Kohlen heizen die Preußen in Bayern die Stimmung an und halten die Fremdenverkehrs-Maschinerie in Gang.

Unsere Brüder und Schwestern im Osten

Allerdings sind Bayern heute oft noch unsicher darin, wie man die ehemaligen Brüder und Schwestern im »Neufünfland« einordnen soll. Dass die Sachsen in ihrem Freistaat keine Preußen sind, sondern lange genauso unter dem historischen Preußen, seiner Vormachtpolitik und auch sonstigen Bevormundung zu leiden hatte wie Bayern, darf als weithin bekannt vorausgesetzt werden.

Wenn also Sachsen in Bayern irrtümlich als Preußen betitelt werden, handelt es sich entweder um historische Unkenntnis aufgrund der langen Trennung oder um die Erfahrung aus der DDR-Zeit, wo man beispielsweise als Bayer auf dem Weg nach Westberlin bei den Grenzkontrollen von recht ekelhaften Polizistinnen und Polizisten, oft mit breitester sächsischer Aussprache, schikaniert wurde, dass diese ganz automatisch durch ihr Verhalten in die Kategorie der »Saupreußen« (der Begriff ist gleich noch näher zu erläutern) eingerückt sind.

Wesentlich größere Unsicherheit herrscht noch bei der Einordnung der Einwohner anderer neuer Bundesländer. So gehören etwa die Bewohner von Sachsen-Anhalt sicher nicht zu den echten Freistaat-Sachsen, sondern sind teils aus historischen Gründen Originalpreußen, teils erfüllen sie aber auch wegen des desolaten Zustands ihres Landes und ihres Wahlverhaltens zugunsten von links- wie rechtsradikalen Parteien die Kriterien für die Einordnung zu den Saupreußen. Sind des Weiteren beispielsweise die vorderen Pommern ebenso Originalpreußen wie die hinteren? Wer, wo oder was sind dann überhaupt die Mecklenburger? Sind das hanseatische Preußen und als Fischburger so etwas Ähnliches wie Hamburger oder Cheeseburger? Das ist und bleibt wohl alles noch auf Jahrzehnte hinaus unerforscht.

Bei den Brandenburgern wiederum ist alles klar: Sie sind nämlich Originalpreußen wie die Berliner auf dem historischen Boden des ehemaligen Königreichs Preußen.

Dagegen ist die Zuordnung von Thüringern schwierig. Einerseits stehen sie in ihrer Art, Sprache und Mentalität den Sachsen näher als etwa den Brandenburgern; andererseits verhalten sie sich häufig ähnlich wie die im Süden angrenzenden fränkischen Nordbayern: Darum liegt es ähnlich wie bei den Franken auch vorwiegend an den Thüringern selbst, ob sie sich als eigene Kategorie mehr den Sachsen und Bayern verbunden fühlen und dazu bekennen oder ob sie sich lieber von den Bayern auch als Südpreußen einordnen und behandeln lassen wollen.

Der geborene Ur- oder Originalpreuße

Die Definition der Preußen durch Bayern legt fest: Egal, wo man lebt, kann man auf dreierlei Weise Preuße werden: durch Geburt, durch Ernennung oder durch eigenes Verhalten.

Den Preußen durch Geburt, den klassischen Urpreußen, gab es nach dem Zweiten Weltkrieg 40 Jahre lang nur noch in Restexemplaren, nämlich als in Freiheit lebenden Flüchtling aus West-

Originalpreuße ohne Bayern-Tracht

Dem Bayern imponiert im Allgemeinen der Ur-Preuße wie der Originalpreuße über alle Gegensätze hinweg vor allem dadurch, dass er es ehrlich zugibt, ein Preuße zu sein, es nicht ständig abstreitet und sich nicht dadurch lächerlich macht, dass er ständig die nicht erlernbare bayerische Sprache zu imitieren versucht.

Die Ernennung zum Preußen

Das Recht zur Ernennung als einer oder eine von »Bayerns Preußen« steht nur den Bayern zu. Sie darf nicht als persönliche Auszeichnung missverstanden werden, sondern ist eine formale Eingruppierung. Das Etikett »Preiß« ist deshalb zunächst wertneutral und nicht von Haus aus als abwertendes Urteil oder Beleidigung gemeint. Wenn ein Bayer beleidigende Absichten verfolgt, macht er dies unmissverständlich deutlich. In solchen Fällen verwendet er gewöhnlich den Begriff »Saupreiß« – ergänzt durch ein Adjektiv wie »bläder«, »großmäuliger«, »gscherter« oder »greisliger« um die beleidigende Wirkung erkennbar zu verstärken.

Im Regelfall gilt in Bayern jeder Deutsche als Preuße, der nicht Bayer, Schwabe (auch Badener) oder Sachse ist; Franken sind zwar von Amts wegen Bayern und haben einen unbestrittenen Anspruch auch als Bayern bezeichnet zu werden. Nach Art und Bekenntnis sind

und Ostpreußen. Er ist innerhalb der Grenzen des echt preußischen Teils vom alten Königreich Preußen geboren und kann mit Recht stolz darauf sein, auch wenn er dies gern übertreibt. Kein Ur-, aber immerhin ein Originalpreuße ist ein dort geborener Einwohner jenes Teils der neuen Bundesländer und Berlins, die zum Kernland des politischen Preußen gehören vom Kurfürstentum über das Königreich bis zum Land Preußen innerhalb der Weimarer Republik.

die Franken aber oft auch »Südpreußen«. Da der »Liberalitas Bavariae« entsprechend niemand Bayer sein muss, der nicht Bayer sein will und dies nicht als Ehre betrachtet, ergibt sich die Einstufung der Franken weitgehend nach ihrem eigenen Verständnis und Bekenntnis sowie ihrem dementsprechenden Verhalten. Franken, die sich nicht oder nur ungern als Bayern bekennen, gelten eo ipso bereits als »Südpreußen«. Jene Franken hingegen, die ohne Murren im Prinzip die Oberherrschaft der Altbayern akzeptieren, werden in der Praxis als Politiker oder als Beamte der Regierung und Verwaltung des Landes geduldet, sofern sie dafür sorgen, dass immer genügend Schwaben zum Sparen im Freistaat und genügend Feste für die Altbayern vorhanden sind. Kleinliche Differenzierungen unter den Preußen – etwa zwischen Rheinländern und Hanseaten, Pommern und Niedersachsen oder Holsteinern und Mecklenburgern, Hessen und Westfalen – lehnt der Bayer grundsätzlich ab, weil er dies als Einmischung in innerpreußische Angelegenheiten auffassen würde. Er wertet derartige landsmannschaftliche Angaben nur als bedeutungslose Untertitel oder sogar als Ausflüchte und mangelnden Mut, sich einfach als Preuße zu bekennen.

Werden Bayern selbst, Schwaben, Sachsen oder Ausländer als Preußen bezeichnet, so beruht dies ausschließlich auf deren Verhalten und zieht die ver-

schärfte Anrede als »Saupreußen« nach sich. In solchen Fällen handelt es sich infolgedessen um keine allgemeingültige Ernennung, sondern ausnahmslos um den Ausdruck des tiefsten Abscheus und der ist – wenn irgend möglich – auch als direkte Beleidigung gemeint.

Preuße durch eigenes Verhalten

Jeder Mensch von Hinterschmiding bis Tokio und von Untermenzing bis Honolulu kann zum Preußen werden – egal woher er eigentlich stammt. Darum können über alle traditionellen Rassengesetze hinweg sogar Bayern von anderen Bayern situationsbedingt als Preußen eingestuft werden, wenn sie sich preußisch benehmen. Man kann teilweise auch Bayern angenehm auffallen und sich dadurch bei anderen zum Preußen stempeln, zum Beispiel durch übertriebene Höflichkeit gegenüber Damen, die nicht in ihren Mantel finden oder sich die Türe nicht aufmachen können, weil sie ein Tablett tragen. Oder auch wenn man zu hohe Trinkgelder gibt oder gleich zu viel auf einmal spendet, macht man sich als Preuße verdächtig.

Überwiegend ist aber das spontane Verhalten, das einen Menschen in Bayern zum Preußen macht, eher so, dass man damit unangenehm auffällt. Dies kann auf sehr vielfältige Weise geschehen, entspricht aber in etwa dem, was Italiener unter »tipico tedesco«, Österreicher unter »piefkinesisch« oder unter »Weaner Ruamsuzler«, Franzosen unter »boche allemand« oder »arrogance parisienne«, Südamerikaner unter »nach Yankee-Art« und Afrikaner oder Asiaten unter »typische europäische« Überheblichkeit verstehen.

Beispiele für »typisch preußisch« in Bayern

Wer auf die Frage »Wer hat einen Vorschlag für den Vorsitzenden des Vereins?« sofort den Finger hebt und sich selbst vorschlägt: »Das kann ich wohl machen, ja?«, der verhält sich zum Beispiel nach bayerischer Einschätzung ebenso typisch preußisch wie jemand, der am Rande des Tennisplatzes auf die Frage eines Ankommenden: »Wer ist denn nun hier der Beste unter euch?« ohne Zögern aufsteht, den Schläger nimmt und sich zum Match aufgefordert fühlt. Auch wer zum Beispiel zusammen mit anderen einen Raum betritt, in dem nur noch ein reservierter Ehrenplatz frei ist, und sich sofort dort hinsetzt, wird automatisch für einen Preußen gehalten. Dies trifft ebenso auf solche Leute zu, die mit der rhetorischen Frage »Gestatten?« bei fremden Leuten gleich am Tisch Platz nehmen und sich auch noch ungebeten in deren Unterhaltung einmischen um sie dann ständig zu korrigieren.

Wenn jemand Kartenspielern über die Schulter ins Blatt schaut, aber wenigstens den Mund hält, ist bestenfalls ein geduldeter Kiebitz; wer jedoch auch noch ungefragt seinen Senf zu deren Auswurf oder Einstichen gibt, wird sofort als Preuße verdächtigt und desgleichen, wer ein gutes Blatt und viel Glück immer gleich – ohne erkennbare Selbstironie – als Beweis seiner überlegenen Intelligenz und Spielkunst wertet.

Kunden oder Interessenten, die alles abtasten und durchprobieren – ob Früchte oder Frauen – und dann ungekauft liegen oder sitzen lassen ohne wenigstens ein anerkennendes »ganz guat« oder »Reschbekt« zu hinterlassen, müssen nicht nur mit der Einstufung als Preißen, sondern sogar als Saupreißen rechnen. Wer schneller redet, als er denken kann, schon widerspricht, bevor er gehört hat, worum es geht, und wer nicht nur alles weiß, sondern selbst das, was er nicht weiß, immer noch besser weiß als alle anderen, gilt ohne Nachfrage nach seiner Herkunft als »Preiß« – wenn nicht »Saupreiß«. Bei Fernpreußen folgt der Zusatz: »Saupreiß, japanischer« oder »holländischer«.

Bayerische Einteilung der Preußen

Sowohl die geborenen Urpreußen als auch die allein wegen ihrer nichtbayerischen Herkunft ernannten – und somit ebenfalls daran schuldlosen – Preußen können als »*Originalpreiß*« eingestuft werden. Mit dieser Bezeichnung wird ihnen »Echtheit« bescheinigt und der übliche vorsichtig-distanzierte Respekt gegenüber angesehenen Fremden entgegengebracht. Der Originalpreiß spricht und versteht kaum ein Wort Bayerisch, hat von Bayern auch nicht die geringste Ahnung, aber er respektiert Bayern als eigene politisch-kulturelle Größe wie jedes andere für ihn exotische oder balkanesische Land; er staunt nur über Bayern und wundert sich, dass hier die Uhren anders gehen, aber er widersteht der Versuchung, die Uhren überall umzustellen, er unterlässt herablassende Bemerkungen und überhebliche Urteile (zumindest in Gegenwart von Bayern); er vermeidet ferner den Bayern Vorschriften zu machen und Posten wegzuschnappen; vor allem erhebt er keinen Anspruch darauf, sie regieren zu wollen. Der Originalpreiß ist als Urlauber oder Kurzbesucher gern gesehen, wird auch leicht angenommen und fast schmerzlos ausgenommen. Besonders

»Kiebitzen derfst, neigieriger Preiß. Aber wehe, du haltst dei Mäu net!«

hoch wird ihm angerechnet, dass er bereit ist immer wieder nach Preußen zurückzukehren und neue Kohlen zu holen. Er gilt daher als der wichtigste reproduzierbare Rohstoff der bayerischen Fremdenverkehrs-Industrie.

Als »*Saupreißen*« bezeichnet der Bayer Menschen, die er nicht ausstehen kann und von denen er sich in seinem Wesen zutiefst bedroht fühlt. Wer sich durch eigenes Verhalten schuldhaft zum Preußen macht, gilt automatisch als »Saupreiß«. In die Kategorie der »Saupreißen« kann jeder hineinschlittern, wenn er Eigenschaften aufweist, die weit über das Höchstmaß des Erträglichen hinausgehen, das in Bayern auch unter Landsleuten mit der Qualifikation »gscherte Bauernsau« markiert ist.

Der »Saupreiß« ist leicht zu erkennen, weil er alle auf sich aufmerksam macht. Er findet in Bayern alles unvollkommen und unerträglich. Aber sein starkes missionarisches Sendungsbewusstsein hindert ihn meist daran, Bayern wieder zu verlassen; er fühlt sich als der überlegene Lehrer und Erzieher der Bayern und qualifiziert alles, was der Bayer tut oder darstellt, mit der Negativwertung »typisch bayerisch« ab. Für ihn gehen die Uhren in Bayern nicht anders, sondern schlichtweg falsch. Niemand weiß so genau wie er, wie viel Leber im bayerischen Leberkäs sein muss. Er drängt sich als Entwicklungshelfer überall vor, zeigt als Ladenschmeißer in Firmen und Vereinen allen »bayerischen Dep-

Saupreuße oder gscherte Bauernsau?

pen«, die es gar nicht wissen wollen, »was eine Harke ist«, und setzt sich als Umerzieher gleich frech in allen erreichbaren Positionen fest. Das Leben im bayerischen Klima und der Umgebung mit bayerischen Menschen beschert ihm viele Beschwerden und fast alle Leiden – mit Ausnahme von Heimweh.

Wenn es ein Preuße so gut mit Bayern meint, dass er in seinem Philobajuwarismus noch bayerischer sein will als jeder geborene Bayer, nennt man ihn in wohlwollendem Spott einen »*Trachtenpreißen*«. Diese Type findet sich sowohl unter den preußischen Einwanderern als auch unter den Dauerurlaubsgästen. Der Trachtenpreiß trägt, wie der Name schon sagt, meist einen Trachtenanzug, immer frisch gebügelt und stramm auf Taille gearbeitet; seine Frau erscheint im weit ausgeschnittenen, bezaubernd süßen Dirndlkleid; meist haben beide auch noch einen kecken »Sepplhut« auf dem Kopf. Der Trachtenpreuße übt schon frühmorgens die Aussprache von »Oachkatzlschwoaf« und »Loabitoag«, bestellt im Wirtshaus sein »Moaßl«, weil »dös so vui guat is«, und flicht in seine Rede möglichst oft »jo mai« ein. Da er die unauslöschliche Sehnsucht hat, sich durch die Imitation der Landessprache die Anerkennung als Bayer zu verschaffen, aber die bayerische Mundart von der österreichischen nicht unterscheiden kann, brilliert er gern mit Folklore-Sätzen wie: »Haaß woar's heint wieda z' Minka, wos maanst, Herr Nochboar?« oder »Aber hearst, Maderl, zu am Weißwürstel gehärt doch a Brezel und a Meerradi, host mi?«

Der Trachtenpreiß lässt in seiner bajuwarischen Begeisterung nichts im Lande ungenutzt: Kein Berg bleibt unbestiegen, kein Schloss unbesichtigt, kein See ungebadet, kein Schmai ungeschnupft und kein Madl ungefensterlt; selbst wenn er nicht durch Gutscheine genötigt ist, drängt es ihn jedes Jahr mehrmals zum Oktoberfest. Unbändig ist sein Drang, alles, was er für »echt bayerisch« hält, immer noch uriger zu perfektionieren und ständig zu de-

Trachtenpreiß frisch aus der Boutique

monstrieren. Dies macht ihn zum sichersten Garanten und treuen Propagandisten des zur Weltmarke gewordenen Klischeebildes von Bayern. Selbst wenn er noch zwei Jahre zuvor »Wittelsbach« für ein »mickriges Jebirgswässerchen« gehalten hat, ist er nun im Ernstfall jederzeit bereit für die Ehre von König Ludwig Preußenblut zu vergießen, und wenn es sein eigenes ist. Aber solche Blutspenden werden heute gar nicht mehr verlangt, denn der

Trachtenpreiß hat wichtigere Aufgaben für Bayern zu erfüllen. Früher konnte man beispielsweise die Frage »Wie ärgert man einen Preußen bis aufs Blut?« ganz klar beantworten: »Man nimmt ihm sein Trachtenanzügerl weg.«

Eine eigene Rasse: die Bavareußen

Größter Zuchterfolg bayerisch-preußischer Mischehen und oberstes Bildungsziel der Erziehung von Preußen in Bayern ist der »Bavareuße«. Mit diesem hier erstmals in die wissenschaftliche Systematik der bayerischen Volkskunde eingeführten Begriff bezeichnet man einen gelungenen Charakter-Mischling, der sein mitgebrachtes preußisches Erbgut beibehalten, aber durch Anpassung an bayerische Lebensart veredelt hat. Dank unermüdlichen Mischens und rigorosen Aufheiratens ist die Zahl der Bavareußen – in der Vorkriegsliteratur so gut wie unbekannt – seit 1945 enorm angewachsen. Wie bei allen Mischlingen gibt es auch hier solche, die alle unangenehmen Eigenschaften von Preußen und Bayern in sich vereinigen. Aber über diese ist hier nichts mehr auszuführen, weil sie nahtlos in die Kategorie der »Saupreißen« einzuordnen sind.

Der edlere Typ der »Bavareußen« bleibt äußerlich unaufdringlich preußisch und wird innerlich zunehmend bayerisch. Er kostümiert sich nicht trachtlerisch, er versteht die bayerische Sprache, radebrecht sie aber selbst nicht. Da er die Bayern nicht imitiert, fühlen diese sich nicht parodiert und werden nicht zur Aggressivität gereizt. Das ist heute eh kaum mehr möglich, denn wegen der werbewirksamen bundesweiten Auftritte von Trachtenpreißen mit Raiffeisen-Smoking und ausladenden Barock-Balkonen in einladenden Brokatdirndln ist Deutschlands Norden und Westen bereits dazu gerüstet, im Falle einer weiß-blauen Machtübernahme nahezu geschlossen in bayerischen Nationalkostümen zum Appell anzutreten. Dank dieses Beken-

Versteht bayerisch, spricht es nicht.

nermutes der in Treue festen Trachten-preißen zu dem in Loden und Schweigen gehüllten Alpenvolk hat der lockere Bayern-Look im modischen Gegenfeldzug ganz Preußen erobert. Dadurch sind in Bayern komplette Walkjanker- und Wadlstrumpf-Industrien allein mit der standesgemäßen Verkleidung von preußischen Amateur-Trachtlern ausgelastet. Jedes Dirndl-Mieder stabilisiert somit nicht nur eine Preußenbrust, sondern auch einen bayerischen Hintern auf seinem Arbeitsplatz. So ist die Modewoche München zur größten völkerverbindenden An- und Auszieh-Messe geworden, auf der ein noch stärkerer Austausch von Nationaldressen stattfindet als bei dem berühmt versöhnlichen Hemden-Täuscheln unter Europacupgegnern.

Der »Bavareuße« verbindet preußischen Unternehmungsgeist mit bayerischer Unauffälligkeit, preußisches Durchsetzungsvermögen mit bayerischer Sturheit, preußische Schnelligkeit mit bayerischer Bierruhe.
Da er den preußischen Drang in sich unterdrückt, alles zu übertreiben und jede Kritik überdeutlich auszusprechen, zwingt er die Bayern auch nicht zur Solidarität. So erleichtert er es diesen, über sich selbst zu schimpfen, und kann ihnen dann auch noch hinterfotzig Beifall spenden. Der Bavareuße hat als Überlebenstechnik gelernt, dass man Provokationen am besten »nicht einmal ignoriert« und dass der wichtigste Denkvorgang darin besteht, »sich nix zu denken«. Durch Zuhören und Beobachten hat er den tieferen Sinn bayerischer Lebensphilosophie begriffen – wie »Lebn und lebn lassen«, »D' Katz frisst Mäus', i mags' net«, »Sachen gibt's, die gibt's gar net« oder »Für den, der's mag, is' as Höchste«. Deshalb weiß er auch, dass man mit dem freundlichen Wort »wennst moanst« jedem Recht geben kann ohne ihm ein Wort zu glauben und dass man einen Streit immer defensiv vom Zaun bricht mit der Bemerkung: »Alles brauch ma uns aa net gfalln lassn.«
Im Gegensatz zum »Saupreißn« zweifelt er nie an der Glaubenslehre von der »Liberalitas Bavarica«, weil er aus Erfahrung gelernt hat, was der Bayer darunter versteht: »Jeder hat die Freiheit, nach meiner Fasson selig zu werden.« So weit ein Bavareuße auch bereits von bayerischer Liberalität und südländischer Toleranz durchdrungen sein mag, in einem versagt ihm der Humor und die Beherrschung: Er ist weitaus allergischer und aggressiver gegen »Saupreißn« als jeder Bayer.

Wie haben die Preußen Bayern erobert?

Eine Betrachtung über Tourismus und Krieg

Gell, da schaugts, ös Preißen!«, heißt es oft stolz, wenn in Bayern historische Feste gefeiert oder von örtlichen Laienkräften Festspiele aufgeführt werden, die an Ereignisse der bayerischen Geschichte oder der Kirchengeschichte erinnern und anknüpfen.

Ob es sich um das weltbekannte Oberammergauer Passionsspiel oder die berühmte Landshuter Hochzeit handelt, um den Further Drachenstich

»Gell, da schaugst: Glei nach der Prozession geht 's Komödigspui los!«

oder die Agnes-Bernauer-Festspiele in Straubing, ob es hier um den Einfall von Schweden oder Panduren geht, dort um alte Ritterspiele auf Burgruinen, da um Belagerungen oder Landsknechtskämpfe an der Stadtmauer und anderswo um ein frommes Wallfahrtswunder oder die schaurige Folter und Verbrennung einer schönen, unschuldigen Hexe – gefeiert und für Einheimische wie Touristen gespielt wird überall in Bayern. Freud und Leid, Schuld und Heldenopfer aus der Orts-, Kirchen- oder Weltgeschichte wird dann gern aus der alten barocken Leidenschaft des »Komödienspielens« den Zuschauern als kraftvolles und farbenprächtiges Spektakel an historischen Schauplätzen oder Kulissen mit mehr oder weniger Kunst vor Augen geführt.

Die Preußen in der bayerischen Geschichte – ein weißer Fleck auf der Landkarte?

Es ist zwar richtig, dass im Volk der Bayern die eigene Geschichte – und damit das tief verwurzelte Traditions- wie das historische Staatsbewusstsein – eine größere Bedeutung hat als bei den meisten Bewohnern anderer deutscher Bundesländer – mit Ausnahme vielleicht der ähnlich alten hanseatischen Stadtstaaten. In einigen alten Städten wie Augsburg, Regensburg oder Passau sind es schon mehr als 2000 Jahre seit der Besiedelung durch die Kelten und der Eroberung und Befestigung durch die Römer. Aber so ist es dann auch wieder nicht, dass die Bayern diese ihre 1500-jährige Geschichte alle so genau kennen würden und ihr Geschichtswissen wie eine Prozessionsfahne vor sich hertragen. Geschichte ist für viele Bayern vor allem das, was man in der Heimatkunde gelernt und überall sichtbar vor Augen hat, was man ansonsten auch nicht weiter beachtet, außer wenn man den preußischen Touristen voller Stolz zeigen will, wer man ist, woher man abstammt und dass man auch nicht gerade »auf der Brennsuppn dahergeschomma« ist. Geschichte ist auch konkret oft nur das, was die Heimatzeitungen oder Heimat- und Denkmalpfleger zu jeder Jubiläumsfeier immer wieder gern in Erinnerung rufen – allerdings manchmal nur als willkommenen Anlass für ein schönes Fest. Aber es dürfte trotzdem wohl kaum ein anderes Land geben, in dem so viele historische Feste mit Umzügen, Theatern, Musikveranstaltungen und Freilichtspielen aller Art gefeiert werden.

Da muss es die Urlauber doch eigentlich geradezu seltsam anmuten, dass einerseits die rund 150 Jahre gemeinsamer Geschichte und politischer Auseinandersetzungen mit den Preußen in Bayern eine weitaus größere Rolle spielen als etwa bei den ebenfalls »preußengeschädigten« Württembergern oder Sachsen, von den Österreichern ganz zu schweigen. Andererseits jedoch scheint es wieder verwunderlich, dass ein so tief sitzendes Trauma in Bayern dann kein einziges historisches Festspiel oder etwa ein volkstümliches Kriegs- oder Soldatendrama hervorgebracht hat.

Nur in den Stücken der Bauerntheater und anderer Laienspielbühnen kommen die Preußen fast immer vor. Dann aber meist in stets gleichen Klischeerollen des reichen Fabrikanten oder arroganten Beamten und der überspannten, siebengescheiten und meist liebestollen Modedämchen – jedenfalls alle als »spinnerte« Hanswursten aus der Stadt. Umgekehrt müssen die Bayern im Volkstheater entweder als herzig süß schmachtende junge Liebesleute oder als ebenso bauernschlaue wie gerissene alte Gauner und als grobschlächtige, naive Dorfdeppen auftreten.

Aber ein echtes Historienstück, das zwischen Bayern und Preußen spielt, sollte es denn eines geben, ist bisher zumindest nicht überregional bekannt geworden.

Das mag damit zusammenhängen, dass – abgesehen von ein paar Wochen preußischer Besatzung nach dem 66er-Krieg im nördlichen Franken – die Preußen Bayern nie überfallen, das Land besetzt und die Leute massakriert haben, wie etwa zuvor die Österreicher des Öfteren.

Und es hängt natürlich erst recht damit zusammen, dass die Bayern sowieso nie ins Land der Preußen eingefallen sind:

Militärisch konnten sie es nicht und freiwillig – etwa als Touristen oder Zuwanderer – wollten sie es bis zum Zweiten Weltkrieg fast nie. Wenn Bayern aus beruflichen Zwängen oder Gründen der Einheirat ins Land der Preußen ziehen mussten, so haben sie sich dort als kleine, stille Minderheit nie so anspruchsvoll aufgespielt wie die in Scharen nach Bayern eingezogenen oder eingeheirateten Preußen in ihren hauptsächlichen Verdichtungsgebieten. Wo also sollte der historische Konfliktstoff herkommen, wenn nicht aus der friedlichen, aber oft ärgerlichen und gereizten Begegnung in der großen Politik, im Berufsalltag oder im Fremdenverkehr.

Gerade im Tourismus aber werden nirgendwo diejenigen Fremden geliebt, die man braucht, die dann in großen Massen dominierend auftreten, die sich zumindest im Urlaub relativ reich und überlegen vorkommen und von denen sich die jeweiligen Einheimischen abhängig oder nur als Dienstpersonal herumkommandiert fühlen. Darum mögen oft die Einheimischen in der Karibik und in Mittelamerika die Amerikaner nicht, die in Italien die Deutschen, die in Österreich die Piefkes, die in Budapest die Wiener, die in Südtirol die Nordtiroler, die in Nordtirol die Bayern und die in Bayern die »Preußen«. Und dies, obwohl es sehr oft ungerecht ist, weil das angestaute Vorurteil immer nur von einigen Exemplaren

Preußische Urlauber: auf Händen getragen – oder auf den Arm genommen?

derjenigen »Nation« geprägt wurde, die am nächsten da ist und die am zahlreichsten auftritt. Und nicht selten wird auch das eigene schlechte Gewissen der touristischen Gastgeber in »die Fremden« hineinprojiziert – quasi als verdrängter Selbsthass –, weil man sich zu sehr angepasst und sein Land übererschlossen hat, weil man sich und sein Brauchtum manchmal auch geradezu touristisch prostituiert hat wie in vielen alpenländischen Heimatabenden und

sich selbst verkauft fühlt – so ähnlich, wie es halt in dem Spottvers heißt: »Die Tiroler sind lustig, die Tiroler sind froh, sie verkaufen ihr Bett und schlafen im Stroh.«

Als die Bayern noch auf die Preußen schießen durften

Was für klassische Tourismusländer und ihre meist aus wohlhabenderen

Nachbarländern einreisenden Urlaubsgäste gilt, trifft natürlich noch mehr auf »die Fremden« im eigenen Land zu – daher zurück zu Bayerns Preußen. Im Jahre 1866 haben bayerische und preußische Soldaten zum ersten und zugleich zum letzten Mal aufeinander geschossen. Abgesehen davon, dass in vielen bayerischen Anspielungen auf den »Sechsundsechziger-Krieg« ein unüberhörbares Bedauern durchklingt, dass man »damals noch auf die Preußen schießen durfte«, hat offenbar vor allem im davon nicht berührten südlichen Altbayern und Schwaben kein Mensch diesen Krieg als solchen ernst genommen.

Ludwig Thoma hat in einer Erzählung beschrieben, was ihm »der Glasl und der Schaufimomichl« berichtet haben, zum Beispiel wie die tapferen bayerischen Truppen vor Bad Kissingen immer warten mussten, bis die Herren Offiziere morgens aus den Nachtbars und von den Dämchen in der Stadt zurückgekommen sind, oder wie sie ohne Landkarten ungefähr bei Hof gelegen haben, aber in dem Glauben waren, dass sie die Preußenhochburg Berlin schon so gut wie umzingelt hätten. Da lachte man zu Hause im Wirtshaus noch über sich, über die Preußen und über diesen Krieg, der ja auch so schnell verloren war, dass er nicht allzu viele Verluste an Menschenleben gekostet hatte.

Die historische Tatsache, dass Bayerns Armee den »Sechsundsechziger-Krieg« schon verloren hatte, noch bevor sie die preußischen Grenzen überschritten hatte, ändert nichts daran, dass in vielen teilweise makaberen Veteranenwitzen die Tapferkeit der Bayern ebenso verherrlicht wurde wie die Dummheit der sturen und nur besser dressierten Preußen.

Da räumt ein bayerischer Soldat einem »erlegten« Preußen die Taschen aus, und als ein Kamerad sagt: »Gib mir auch was!«, antwortet der erste: »Schiaß dir doch selber oan!«

Nach einem anderen Witz wussten die schlauen Bayern, dass die meisten dummen Preußen Fritz heißen. Darum haben sie über den Schützengraben »Fritz!« gerufen, und sobald einer den Kopf herausstreckte und »hier« schrie, machte es schon »päng!«. Diese Verluste ärgerten natürlich die Preußen und sie erinnerten sich, dass ja bekanntlich fast alle Bayern Sepp heißen. Darum drehten sie den Spieß um und riefen über den Schützengraben herüber: »Sepp!« Die Bayern riefen aber aus der Deckung zurück: »Bist es du, Fritz!?« Der sprang hoch, schrie »jawoll!« und schon machte es wieder »päng!«. Solche bösen Witze würde natürlich heute kein Bayer mehr über seine lieben preußischen Mitmenschen machen, aber sie sind geschichtlich überliefert.

In dem gewonnenen »Siebziger-Krieg« gegen Frankreich wie in den beiden verlorenen Weltkriegen konnten freilich die bayerischen Truppeneinheiten noch so erfolgreich und bayerische Soldaten persönlich noch so tapfer sein, sie wurden von den preußischen Militärs im Bewusstsein ihrer größeren Zackigkeit und vollkommenen Überlegenheit nie respektiert oder so richtig ernst genommen. Nicht zuletzt aus dieser militärischen Dominanz und der verächtlichen Behandlung bayerischer Soldaten resultieren viele den Bayern eingebläute Minderwertigkeitskomplexe, die im Gegenzug zu Hause leicht in Spott oder Preußenhass umschlugen. Ähnliche Abneigung aus noch weit schlechteren Erfahrungen brachten österreichische Soldaten aus beiden Weltkriegen mit, in denen sie von den preußischen Offizieren oft nur verächtlich als »Kamerad Schnürschuh« abgewertet wurden.

Ein Problempunkt: Die ewig ungestillte Heimatliebe der Preußen

Heute verstehen sich, wie gesagt, allerdings die meisten »Preißen« nach bayerischem Verständnis selbst überhaupt nicht als Preußen. Ja, viele wissen es nicht einmal, dass sie welche sind, oder wollen es auch nicht glauben, wenn sie ausdrücklich so bezeichnet werden. Sie kennen nur ganz sachliche Verwaltungsgrenzen sogenannter Bundesländer. So kann natürlich tief in ihrem Herzen auch keine solche Heimatliebe zu Preußen wachsen wie die der Bayern und Österreicher zu ihrem Land. Viele von diesen unbewussten Preußen haben daher überhaupt keine echte Heimat, ein Schicksal, für das ihnen das aufrichtige Mitleid der Bayern sicher ist. Und umgekehrt: Wenn er fern von zu Hause ist, fühlt der Preuße auch die Sehnsucht nach der Heimat nicht als Schmerz. Darum leiden die meisten von Bayerns Preußen – wie schon erwähnt – auch als dauerhaft »Zuagroaste« in Bayern unter sehr vielem, aber nie unter Heimweh.

Die dem Menschen an sich von Natur aus angeborene Heimatliebe ist beim Preußen meist unbefriedigt und recht ziellos. Seine Heimatgefühle liegen völlig brach und können deshalb auch nicht wie die der Bayern geschäftlich gut genutzt werden. Seine ungestillte Sehnsucht nach Heimat ist ähnlich groß wie die eines Gespenstes nach erlösender Grabesruhe. Das macht den Preußen so ruhelos, unsesshaft und geradezu gierig nach Heimat, Trachten-Integration und Anerkennung als Einheimischer. Ein oft unbewusster, aber unaufhaltsamer Drang zieht deshalb die Preußen dorthin, wo Heimatgefühl im Überfluss produziert wird und die Überschüsse kommerziell feilgeboten werden: nach Österreich, Bayern, Südtirol und in die Schweiz.

Auch stark heimathaltige alpenländische Exportprodukte wie Heimatroma-

»Erst werd amoi zahlt, dann derfst unsere teiern Schmetterling' fanga!«

ne, -filme und -lieder, die durch viel Schmalz, Süßholz und »Vui z' vui Gfui«-Extrakt besonders haltbar werden, finden auf dem preußischen Markt reißenden Absatz.

Vor allem den Urlaub braucht der Preuße nicht nur für Ruhe und körperliche Erholung. Außer Sauerstoff muss er »vui Gfui« (viel Gefühl) auftanken um sein furchtbares Defizit an Heimat auszugleichen. Darum müssen die bayerischen Urlaubsorte auch so viele Heimatabende anbieten, bei denen so viel Heimatliebe ausgeschenkt wird, bis jeder davon voll ist und sich noch genug davon nach Hause mitnehmen kann.

Eine große Gefahr ist dabei jedoch nicht zu übersehen, nämlich dass sich preußische Touristen in Bayern nicht nur heimisch fühlen, sondern schließlich wirklich glauben, sie seien hier daheim. Man muss ihnen daher mit jeder Portion bayerischer Heimat auch immer einen Schuss preußisches Bewusstsein zur Erinnerung einimpfen, damit sie nicht nur die Wald- und Bergluft erkennen, sondern zum Beispiel auch unterscheiden: »Das ist die Berliner Luft, Luft, Luft!«

Ein völlig falscher, aber zunehmend verbreiteter Weg für heimatlos in der Welt herumirrende Preußen ist der Versuch, sich Heimat nicht im jährlichen Urlaub frisch vom Erzeuger zu kaufen, sondern als Grundbesitz auf Dauer zu erwerben. Sie wollen sich dann nämlich ein paar tausend Quadratmeter bayerischer Heimaterde gleich im Grundbuch als Rechtsanspruch auf Heimat sichern lassen. Da aber die Fläche Bayerns nicht als parzelliertes Heimatland für alle Preußen

reicht, führt diese Praxis zum sogenannten »Ausverkauf der Heimat«.

Zielsetzung der kommerziellen bayerischen Heimatbewirtschaftung muss es deshalb sein, den Preußen Bayern nicht gleich als Landbesitz, sondern nur als geistige Heimat zum Mitnehmen zu verkaufen.

Nur in Bayern können die »Nordlichter« ihre Heimat Preußen noch als Begriff und feste Größe erleben, und nur solange sie hier sind, bleiben sie sich auch ihrer Rolle als Preußen bewusst.

Sie erkennen dann allerdings ebenso, dass Bayern ohne seine Preußen gar nicht mehr auskommen könnte. Erstens, weil sonst der Fremdenverkehr weder funktioniert noch Spaß macht. Zweitens, weil sich die Bayern sonst ständig ihre Liebe zur engeren Heimat in Ober- und Niederbayern, in der Oberpfalz, in Schwaben, Ober-, Mittel- und Unterfranken gegenseitig an den Kopf werfen würden. Und ohne ein verbindendes Feindbild als einigendes Band von außen müssten sie immer fürchterlich miteinander raufen.

Der Vielvölker-Freistaat Bayern

Bruderstämme und Regierungsbezirke, Landschaften, Gaue und Regionen

A ls ich in den achtziger Jahren noch Korrespondent in Wien war, hat einmal ein russischer Kollege im Spaß die naive Ansicht vertreten, wir im kleinen Bayern hätten es politisch sehr viel einfacher als sie in der großen Sowjetunion. Solche Späße kann man als Altbayer ja wirklich nicht auf sich sitzen lassen – und in Österreich schon gar nicht! Doch der Russe hat es dann nur für eine witzige Art des bayerischen Patriotismus gehalten, als ich ihm wahrheitsgetreu antwortete: »Bayern ist doch genauso ein Vielvölkerstaat wie die Sowjetunion – nur halt ein bisschen kleiner!«

Gut, das »bisschen« war vielleicht etwas übertrieben. Es lässt sich natürlich nicht abstreiten, dass der heutige Freistaat Bayern mit einer Fläche von genau 70 553 Quadratkilometern und rund zwölf Millionen Einwohnern doch etwas hinter der ehemaligen Sowjetunion herhinkt, in der mehr als 200 Millionen Menschen auf über 22 Millionen Quadratkilometern leb-

ten. Doch haltbarer ist Bayern wohl auf jeden Fall.

Bayern liegt der Einwohnerzahl nach immerhin noch vor einer Reihe souveräner europäischer Staaten wie Albanien, Bulgarien, Griechenland, Portugal und Österreich. Von wirklichen Zwergstaaten wie Andorra, Liechtenstein, San Marino oder dem Vatikan einmal ganz zu schweigen, die an Größe höchstens mit mittelgroßen bayerischen Städten wie Rosenheim oder Landshut zu vergleichen sind.

Damit dürfte zumindest für alle diese kleineren, aber souveränen europäischen Staaten klargestellt sein, dass die ehemalige (seit 1918 leider nicht mehr unabhängige) mittlere europäische Großmacht Bayern 1946 nicht etwa aus purer Not oder gar aus mangelnder eigener Überlebensfähigkeit die Initiative ergriffen und die ersten Anstöße gegeben hat zur Gründung der Bundesrepublik Deutschland. Nein, auch noch freiwillig haben wir diesen nationalen Dienst an Deutschland getan – und auch ein wenig auf Wunsch der alliierten Militärregierung, konkret der Amerikaner in Bayern. Vielleicht aber auch aus Mitleid mit den anderen Regionen, von denen viele hilflos und großteils noch ohne ihren später so wichtigen Bindestrich im zerschlagenen Nachkriegsdeutschland herumhingen, wie zum Beispiel das spätere Baden-Württemberg, Rheinland-Pfalz, Schleswig-Holstein und Nordrhein-Westfalen. Sogar um die Wiedereingliederung der damaligen sowjetisch besetzten Zone hat sich Bayerns Ministerpräsident Hans Ehard mit einer eigenen Konferenz 1948 noch bemüht, aber die dortigen kommunistischen Vasallen der Sowjetmacht durften nicht kommen.

Die Sache mit den bayerischen »Extrawürsten«

Kurzum, Bayern war die treibende Kraft zur Gründung der provisorischen, weil noch auf unabsehbare Zeit geteilten Bundesrepublik Deutschland und es waren dann die Länder, die einen Bund geschlossen haben. Wenn man den Bonner und inzwischen Berliner Zentralisten zuhört, möchte man leicht meinen, es sei die Bundesrepublik gewesen, die sich großmütig in ein paar untergeordnete Länder gegliedert habe.

Aber nicht genug, dass diese Bemühungen Bayerns zur Wiedergründung eines deutschen Staates uns weder von den anderen Ländern noch von einer Bundesregierung jemals gedankt wurden. Zum Beispiel mit einer Art »Thanksgiving Day«, einem deutschen Danksagungs-Tag, an dem in der gesamten Bundesrepublik zum Feiern nur bayerisches Bier, bayerischer Schnaps und fränkischer Wein zu bayerischen Agrarprodukten verkauft werden dürfen. Nein, das undankbare deutsche Volk machte sich auch noch über das oft vergebliche bayerische Pochen auf den der Republik zugrunde liegenden Föderalismus lustig und spottete über die ständig gewünschten »Extrawürste« dieser komischen Bayern!

Die künstlich abgegrenzten und zusammengeklebten Bindestrich-Länder haben dann zusammen mit den paar anderen ein nicht allzu föderalistisches Grundgesetz für die Bundesrepublik beschlossen, dem damals die Mehrheit aus CSU und SPD im bayerischen Landtag wegen unzulänglicher Länderrechte leider nicht zustimmen konnte. So musste Bayern eben dieses Grundgesetz zuerst aus Prinzip ablehnen und erst anschließend beschließen, dass es trotz seiner Unzulänglichkeit auch für Bayern gültig sein soll.

Heute sehen das auch die Politiker mehrerer anderer Länder im Bund ähnlich, aber sie brauchten eben erst noch vierzig Jahre Erfahrung, bis sie entdeckten, dass der zuvor so oft und gern als bayerische Marotte verspottete Föderalismus auch für sie so seine Vorteile haben kann! Da war dann schnell vergessen, dass diese bayerische Haltung noch viele Jahre nach 1949 als typischer Eigensinn und als lästige Eigenbrötelei oder gar traditionelle politische Rauflust eines noch unzureichend gezähmten »kriegerischen Bergstammes« (»warliking hilltribe«) heruntergemacht worden war.

Doch kaum hatten diese in ihrer jetzigen Form nicht historisch gewachsenen Bindestrich-Länder, in denen sich Badener und Württemberger Schwaben ebenso misstrauen wie Rheinländer und Westfalen, in nunmehr fünfzig Jahren Geschichte der Bundesrepublik wenigstens den Hauch von einem eigenen Landesbewusstsein entwickelt, prompt haben sie heute auch schon den Föderalismus als eigene Erfindung auf ihre Fahnen geschrieben!

Nicht ganz zufällig erfolgte diese Entwicklung genau in jenen 16 Jahren, in denen der noch in der bayerischen Pfalz geborene Helmut Kohl Bundeskanzler war und die Union mit starkem Einfluss aus Baden-Württemberg, Bayern und Sachsen die Bundesrepublik regiert hat. Da war der Föderalismus plötzlich auch preußisch!

Bayern kann es natürlich nur recht sein, wenn die Hoffnung besteht, dass es künftig nicht mehr so oft allein dasteht. Nur zeigt sich wiederum: So wie Franz Josef Strauß als Mitglied der Bundesregierung in Bonn sofort zum Zentralisten wurde und erst danach als Ministerpräsident in München zum Föderalisten, so haben auch die früheren Länder-Regierungschefs Gerhard Schröder und Oskar Lafontaine umgehend ihre bisherigen föderalistischen Ansprüche vergessen und kämpfen nun heftig für ihre zentralistischen Machtpositionen im Bund gegen die Interessen der Länder.

Nicht alle Bayern jodeln

In dieser Umgebung der nunmehr sechzehn deutschen Länder – einschließlich nicht selbstständig lebensfähiger Zwergländchen wie Saarland oder Bremen – und der im Vergleich mit dem weißblauen Freistaat ebenfalls überwiegend kleineren europäischen Staaten wirkt das große Wort vom »Vielvölkerstaat Bayern« zwar immer noch ironisch, aber keineswegs lächerlich. Denn man muss allen Nah- und Fernpreußen von Wuppertal bis Tokio und von Rostock bis Sydney unablässig die fixe Idee ausreden, Bayern wäre aus einem Guss und von einem Schlag, eben als deutsche Variante von Tirol durch und durch alpenländisch vertrachtelt und verjodelt, verknödelt, verfensterlt und verschnackelt. Und es gäbe auch nur eine bayerische Sprache und Volksmusik sowie nur eine bayerische Küche mit Hendl und Haxn, Schweinsbraten und Knödeln.

Über diese weltweite Dominanz des alpenländischen Teils von Oberbayern ärgern sich vor allem immer die Heimatpfleger von Franken, Niederbayern und der Oberpfalz grün und blau. Ohne alle alpenländischen Trachtenhüte, Gamsbärte, Lederhosen und Schuhplattler glaubt ihnen nämlich dann bei der Fremdenverkehrswerbung im Ausland kein Mensch, dass sie trotz unterschiedlicher Volkstrachten, -lieder und -tänze auch aus dem echten Bayern kommen.

Was kann denn auch ein Franke dafür, dass es bei ihm zu Hause nicht nur in den Haßbergen keinen Hass und auf dem Ochsenkopf keine Ochsen gibt? In Frankens sanfter Hügellandschaft mit ihren vielen schönen Laubwäldern gibt es natürlich erst recht auch keine Gamsböcke, deren Rückenhaare man sich wie einen aufrechten Rasierpinsel als sogenannten »Gamsbart« an den Hut stecken kann.

Es ist aber nun freilich nicht damit getan, dass man einfach nur Bayerns drei tragende »Bruderstämme«, die Franken, Schwaben und Altbayern, auseinander hält. Und dass man sie allenfalls noch ergänzt durch die quasi als vierten Stamm in Bayern »adoptierten« und zumindest gut integrierten zwei Millionen vertriebenen Nachbarn aus Böhmen und Schlesien. Vielmehr muss man den »Vielvölkerstaat Bayern« in noch zahlreiche kleinere Einheiten und regionale Typen einteilen und die dann

Wo keine Gamsen, da kein Gamsbart!

säuberlich voneinander unterscheiden. Die Einteilung der Bayern ist aber schon so schwer, dass die Bayern gar nicht erst angefangen haben auch noch die Preußen untereinander so genau zu differenzieren. In dem alten Lehrbuch »Heut nehmen wir die Preußen durch« hat sich vor allem der Straubinger Ernst Fischer als ebenso nieder- wie altbayerischer Spezialist für die Einteilung der Bayern profiliert. Mit seiner freundlichen Erlaubnis und – statt eines Honorars! – in dankbarer Erwähnung seiner Verdienste greife ich hier auf die wichtigsten Ergebnisse seiner sorgfältigen Bayern-Forschung vor 20 Jahren zurück – natürlich von mir ergänzt um aktuelle Entwicklungen.

Vorder-, Hinter- und Altbayern

Während die Einteilung der Preußen – zumindest ohne Berücksichtigung von deren eigenen Stämmen oder Regionen – vergleichsweise leicht fällt, ist die Einteilung der Bayern, wie nicht anders zu erwarten war, äußerst schwierig. Sie ist zudem unübersichtlich, was mit der zerklüfteten Geographie zusammenhängt. Simple Unterschiede, wie beispielsweise zwischen Ost- oder Westbayern, analog etwa dem alten Ost- und Westpreußen, führen zu nichts. Schon deshalb, weil in Westbayern keine Bayern, sondern im Süden Schwaben und im Norden Unterfranken sitzen. Auch die anderen Himmelsrichtungen haben ihre Tücken. So kommt man mit Süd- und Ostbayern vielleicht noch klar, Nordbayern aber gehört nur teilweise den altbayerischen Oberpfälzern, vorwiegend jedoch den Franken, die zwar auch Bayern sind, aber keine ganz richtigen, und darauf sogar noch größten Wert legen.

Viele Preußen würden die Bayern am liebsten der Einfachheit halber – wie die Pommern – in Vorder- und Hinterbayern einteilen. Die vorderen wären dann die, die gut zu ihnen sind, die hinteren dagegen diejenigen, die vom Fraternisieren nichts halten und allen Assimilierungsversuchen boshaft widerstehen.

Aber so einfach geht es natürlich nicht. Besser und gebräuchlicher ist da die klassische Einteilung, zum Beispiel in Ober- und Niederbayern. Dabei darf man aber nicht an ein Zwei-Klassen-System denken, also in dem Sinne, dass Oberbayern etwa Niederbayern beherrschen würde, die einen den anderen überlegen oder gar vorgesetzt wären. Zwar ist Franz Josef Strauß ein Oberbayer mit fränkischer Beimischung gewesen, aber er wäre sicher auch als Niederbayer irgendetwas geworden, wenn auch nicht so leicht Ministerpräsident. Oberbayer zu sein bedeutet auch nicht automatisch ein verdienter Bayer zu sein. Dann wäre nämlich der Hamburger Verleger Axel Springer Oberbayer gewesen, denn er trägt (wegen der großen Verdienste seiner taffen Jungs von der Bild-Zeitung für das bayerische Wesen) wie viele Preußen den bayerischen Verdienstorden.

Es ist im Übrigen auch nicht so, dass die Niederbayern ständig danach strebten, endlich Oberbayern zu werden, gerade so, als wenn es sich da um eine Beförderung handeln würde. Oberbayer zu sein stellt auch keinen sportlichen Aufstieg in die bayerische Oberliga dar.

Nun herrscht in weiten Teilen Preußens noch die Auffassung, Niederbayern seien Bayern bis zu 1,72 Metern Größe, während als Oberbayer angesehen werden müsse, wer 1,73 Meter und größer ist. Diese Auffassung geht reichlich in die Irre, denn die Körpergröße spielt in Bayern keine wesentliche Rolle. So beweist beispielsweise der aus Niederbayern stammende Erwin Huber, dass auch kleinere Figuren in Oberbayern etwas werden können. Auch Hermann Höcherl hatte es mit nur 1,68 Meter Größe seinerzeit zu einem überragenden Oberpfälzer in Bonn gebracht.

In Wirklichkeit hat dies alles viel mit der Geographie zu tun. Oberbayern liegt eben höher als Niederbayern, obwohl Arber und Dreisessel, Osser und Falkenstein, Rachel und Lusen im (Nieder-)Bayerischen Wald mit ihren Granitfelsenköpfen bis zu 1300, ja fast 1500 Meter hoch aufragen, während das oberbayerische München nur 500 Meter über dem Meeresspiegel auf einer Schotterebene gelegen ist.

Aber zugegeben, das sind Feinheiten, die den Überblick nicht nur für Preußen, sondern für jeden Lernenden nur erschweren.

Nicht ganz leicht ist auch der oft zu hörende Begriff des »Altbayern« zu erklären. Bereits ein Baby im Wickelkissen und ein Firmling können Altbayern sein, während es vielleicht ein 85-jähriger Aschaffenburger oder Bamberger Staatsbayer, selbst wenn er noch lange eisern durchhält, niemals schafft, einer zu werden. Also: Mit Rentnern, Pensionisten und Austräglern kommen wir da nicht weiter. Altbayern sind nämlich Menschen aus den Stammlanden Bayerns (richtig, genau da, wo die Stammtische erfunden wurden!) und da spielt das Alter keine Rolle, sondern eben die Herkunft: nämlich aus Niederbayern oder Oberbayern und allenfalls noch aus der Oberpfalz. Das sind historisch jene Bayern, die schon vor der Wiedererrichtung des Königreiches von 1806

dabei waren. Statt Altbayern kann man auch »Baiern« mit kleinem i schreiben, wie das üblich war, bis König Ludwig I. in seiner Begeisterung für alles Griechische das Ypsilon in den Staatsnamen eingeführt hat. Aber das ist schon wieder eine Feinheit, die den Überblick erschweren kann.

Ur-, Edel- und Paradebayern

Vielleicht kann man für Preußen und Leute ohne Geschichtsbewusstsein das »Alt« der Altbayern, dieses beinharten Kerns der Bayern, auch so erklären, dass sie ihre ganze Kern-Energie darauf verwenden, altmodisch in ihren Gewohnheiten zu bleiben. Es sind nämlich auch diejenigen Bayern, die nicht nur das Althergebrachte mögen und schätzen, sondern einfach das Alte und häufig auch die Alte mögen. Natürlich darf schon einmal eine Junge dabei sein.

Dass sie aus dem ältesten Teil Bayerns stammen, der schon nett besiedelt und kulturell hoch aufgepeppt war, als die wilden Preußen noch auf den Auerochsen frech zwischen Wiesen, Wäldern und Sümpfen herumgaloppierten, das ist ohnehin allen klar. Die Preußen verfügen übrigens als Urlauber wie als »Zuagroaste« über eine besonders feine Witterung für altbayerische Gegenden im Freistaat, so dass eine genauere Abgrenzung dieses Landesteils in Bayern nicht mehr notwendig erscheint.

Nur Altbayern können allerdings Ur-, Edel- oder Paradebayern werden. Das sind Männer und Frauen, die trotz des preußischen Andrangs und inständigen Liebeswerbens standhaft geblieben sind oder sich sogar im Kampf gegen die preußische Unterwanderung besonders hervorgetan haben. Paradebayern beispielsweise sind Bayern, die man jederzeit herzeigen kann, die das aber nicht mögen. Dabei steht das Wort Parade nicht für besondere Strammheit, wie das ein Nichtbayer gleich wieder auslegen könnte. So bedeutet auch Stechschritt hierzulande nicht eine militärische Form des Marschierens, sondern den Ausfallschritt eines bis aufs Blut gereizten Altbayern, der gleich zusticht,

nachdem ihm zuvor bereits beim Zuhören das Taschenmesser in der Hosentasche aufgegangen war. Dies aber nur am Rande.

Eine verschwindend kleine Minorität sind dagegen Berufsbayern, die durchaus nicht immer als edel betrachtet, aber immerhin als notwendig erachtet werden. Sie werden nur deshalb geduldet, weil sie zur Unterhaltung und Betreuung der Preußen dienen. Die Berufsbayern verdienen gut an den Preußen und schaden den eigenen Landsleuten nicht allzu viel, höchstens ihrem Ruf. Aber oft halten sie Schaden von ihnen fern, indem sie sich für typische bayerische Pflichtübungen hergeben.

Trachtenpreußin im Bayern-Training: »Wat is dat – Schmai oder Schmäh?«

Gibt es auch Saubayern?

Mit »Saubayer« dürfte im preußischen Sprachgebrauch wohl in erster Linie ein Hütejunge für Schweine gemeint sein; das Wort ist daher als Schimpfwort kaum in Gebrauch. Wahrscheinlich auch, weil die Beliebtheit der Bayern geradezu grenzenlos und »saumäßig« groß ist.

Es sollen aber in vereinzelten Fällen tatsächlich bereits bayerische Menschen mehr oder minder versehentlich in verletzender Absicht so bezeichnet worden sein. Soweit diese extremen Einzelfälle im außerbayerischen Raum geschehen sind, gibt es eine minimale Dunkelziffer von Fällen, in denen der Absender möglicherweise wegen der ungünstigen Situation über die gelegentliche Doppelbedeutung nicht aufgeklärt worden ist.

Anders war es in Fällen, in denen geradezu tollkühne Nichtbayern einen Einheimischen sogar hierzulande so titulierten – und dies mit einem drohenden oder gar höhnischen Unterton. Diese »Abenteuer-Urlauber« befanden sich danach wochenlang in bayerischen Krankenhäusern, wo ihnen gute, vorurteilsfreie Pflege zuteil wurde. Der Bayer, besonders der Altbayer, kann nämlich im gereizten Zustand zwar recht auffahrend sein, ja sogar jähzornig und »gach«; aber er ist nach der Tat, selbst nach vorbeugendem Zurückschlagen gegen offensichtlich geplante Beleidigungen, nur selten nachtragend.

Die Sau spielt in Bayern eine tragende Rolle

Vielleicht reagieren Bayern auf die Bezeichnung »Saubayer« auch deshalb so nachdrücklich, weil eine Sau eben zu den schönen Dingen eines Bauernlandes und deshalb nicht in den Schmutz gezogen gehört. Außerdem ist die Sau die wichtigste Lebensgrundlage, weil sie nicht nur die Wurst aufs Brot, den Speck fürs Kraut und das Fleisch für den Braten liefert, sondern auch den Schweinsledereinband für das Buch, das mancher Bayer besitzt, der noch keinen Fernseher hat. »D' Sau, d' Sau, d' Sau hat an schweinern Kopf und, und, und an Schwoaf aa!«, heißt es in einem alten bayerischen Volkslied, was so viel heißen soll, dass an ihr praktisch alles brauchbar ist.

Die Redewendung »Des hamma zum Saufuattern« bedeutet auch nicht etwa minderwertige Lebensmittel, sondern dass etwas im Überfluss vorhanden ist. Das deutet auch an, dass man in Bayern generell nicht gern etwas verkommen lässt, sondern lieber alles, wovon man genug hat, gleich veredelt – wenn möglich gleich zum Edelsten, dem Schweinernen. Dies drückt sich auch in dem Wahlspruch aus: »Die Erdäpfel san uns halt am liabern, wenns' z'erst de Sau

»D' Sau hat an schweinern Kopf …«

Schwarten« – nämlich wertvollen, in Schweinsleder gebundenen Folianten aus Bayerns bedeutenden Universitäts- und Klosterbibliotheken – über die getrocknete Schweinsblodern (-blase) als Geld- und Tabaksbeutel bis hin zu dem als freundschaftlich anerkennend zu bewertenden Prädikat: »So a Sauhund, a varreckta!«

Von der gewichtigen Rolle, die man traditionell in Bayern dem Schwein zumisst, zeugt auch der Brauch, dass man sich an Silvester nicht etwa aus einer abergläubischen Seele heraus einfach nur irgendein Glücksschweinchen schenkt oder es in Blei gießt. Vielmehr muss man auch den Leib gleich an diesem Glück beteiligen und darum unbedingt irgendetwas Schweinernes gesotten oder gebraten essen, aber möglichst noch mit Sauerkraut dazu, wenn das Geld nicht ausgehen und das neue Jahr wirklich Glück bringen soll.

Das Schwein, das man nicht selber verzehrt, sondern verkauft, ist die »Geldsau«. Darum heißt bei bayerischen Kartenspielen auch das Ass »Sau«, weil es eben die fetten Punkte hat, die meistens das Geld bringen, wenn man möglichst viele Sauen stechen und heimkriegen kann.

gfressen hat!« Will der Bayer aber Kritik oder Abscheu zum Ausdruck bringen, etwa über den Schund und Kitsch, der oft über sein Land verbreitet wird, dann sagt er, dass es »davon sogar der Sau graust«.

Allein an diesen und ähnlichen »sauguaten« bayerischen Redewendungen erkennt man bereits, welch tragende Rolle in allen Regionen Bayerns das Schwein spielt – als Basis der Ernährung oder der bildhaften Verständigung. Das reicht von den »alten

Mit nur ein paar von solchen und noch unendlich vielen ähnlich tierischen, aber keineswegs schweinischen Redewendungen steht man schon mitten im Thema: An dieser tragenden Rolle der

Sau sind natürlich auch die sogenannten »Saupreißen« beteiligt. So nennt man, wie schon erläutert, in Bayern nur solche Nichtbayern (mit Ausnahme der Schwaben und Sachsen), die hier durch überhebliches Verhalten unangenehm auffallen.

Wie bei den Erdäpfeln arbeiten die Bayern seit 1866 unermüdlich an der Veredelung der »Saupreißen« zu genießbaren Preußen, auch Bavareußen genannt. Da es in Bayern so viele Preußen, »direkt zum Saufuattern«, gibt, versuchen die Einheimischen wenigstens alle »Saupreißen« darunter, die sie nicht gleich auf dem Kraut fressen können, wenigstens durch »Aufmischen« oder »Aufdünsten«, »Anmachen« oder »Z'sammheiraten« zu bändigen und zu einer erträglicheren Mischrasse hin zu züchten und zu trimmen. Dieses Bemühen ist allerdings weithin vergeblich, weil immer neue Preußen nachkommen.

Nach dem Gesagten wird jedenfalls klar, dass der Bayer das Wort »Saupreiß« nicht nur als Beleidigung gebraucht, sondern damit oft auch nur jene Preußen qualifiziert, von denen er sich ähnlich zu ernähren gedenkt.

Nun mag das zum Thema »Saubayern« Aufgeschriebene den Eindruck erwecken, die Bayern seien ein recht geschlossener Volksstamm. Dem ist aber nicht so. So homogen, wie außerhalb der weißblauen Grenzpfähle oftmals

angenommen, ist der Freistaat beileibe nicht. So ist es eine Tatsache, dass die Oberpfälzer, die an der oberen Donau und in und um Regensburg siedeln, die benachbarten Niederbayern gleich donauabwärts gar nicht besonders gern mögen. Umgekehrt sind die Niederbayern für Jahrzehnte bedient, seit Regensburg vorübergehend Hauptstadt beider Bezirke war. Einzige Klammern sind noch die Erzdiözese Regensburg mit ihrer starken beidseitigen Marienverehrung und gelegentliche Fußballspiele zwischen Mannschaften beider Bezirke. Stierkämpfe sind dagegen allerdings eine matte Sache. Nur wer Freundschaftsspiele zwischen Straubing und Cham gesehen hat, weiß, was Brutalität ist.

Interessanterweise gehen jedoch die traditionellen Feindschaften auch innerhalb der Bezirke weiter. So hat etwa ein Plattlinger im benachbarten Deggendorf (beide Orte liegen im Niederbayerischen) nichts zu lachen und ein Straubinger darf in Passau keine großen Reden schwingen, geschweige denn eine gute Nachrede erwarten.

Niederbayern macht aber da keine Ausnahme. Als Beleg sollen hier nur Eishockeyspiele zwischen Rosenheim und Riessersee (Garmisch-Partenkirchen) in Oberbayern oder zwischen Füssen und Kaufbeuren in Schwaben angesprochen werden.

Das Verhältnis der Niederbayern zu den Oberbayern ist natürlich ebenfalls

»Freundschaftsspiel« auf Altbayerisch: Straubing gegen Cham

getrübt, weil die Oberbayern gern glauben auf die Niederbayern herabsehen zu können. Diese, zwar wirklich oft klein von Wuchs, aber zäh und kräftig in der Motivation, vor allem stark von Stolz durchsetzt, nehmen das natürlich nicht so leicht hin. Es ist ein Fall bekannt, da hatte ein Niederbayer die Wahl, einem älteren Münchner Vertreter oder einer hübschen jungen Preußin aus Lüttgen-Dortmund bei einer Autopanne zu helfen. Und wem half er nach nur kurzem Überlegen? Der Preußin!

So weit gehen die Animositäten unter den bayerischen Bruderstämmen!

Benefizbayern

Alle bisher aufgezählten Völker Bayerns haben nun wiederum eines gemeinsam: Sie haben nämlich mit den ganz anderen Menschen Nordbayerns, den Franken, nichts im Sinn. Diese gelten als Benefiz- oder Beutebayern von Napoleons Gnaden und werden nach dem Motto »Einem geschenkten Franken schaut man nicht ins Maul« oder »Man muss Gott für alles danken, sogar für Ober-, Mittel- und Unterfranken« als mittelschwere Prüfung angesehen. Umgekehrt bemühen sich die Franken nahezu in keiner Weise um Annäherung! Sie erklären sich nur hin und wieder bereit das Land zu regieren oder es als Spitzenbeamte in spröder Strenge und ungemütlicher Distanz zu verwalten; sie halten sich aber ansonsten heraus aus altbayerischen Angelegenheiten und interessieren sich in geradezu provokanter Weise mehr für den 1. FC Nürnberg als für den FC Bayern oder 1860 München.

Mit den Schwaben haben es die Bayern nicht so schwer. Man reibt sich gelegentlich, geht sich aber sonst aus dem Weg und lebt friedlich aneinander vorbei. Ernste Konflikte blieben bisher weithin aus – ausgenommen gelegentlich beim Oktoberfest, wenn alle Stämme des Freistaats zielstrebig nach München marschieren, ihren Durst löschen und ihr Mütchen kühlen. Dann möchten die Schwaben manchmal demonstrieren, dass sie mehr Bier vertragen als die Altbayern. Über das alljährliche,

»Was – sechs Halbe waarn drei Maß? Woaßt denn du net, wia schlecht de eischenga!«

ebenso unsinnige wie freudvolle Blutvergießen bei diesem Wettstreit gibt
der Münchner Polizeipräsident gerne
Auskunft.

Was hält Bayern im Inneren zusammen?

Ein chaotisches Bild von tiefstem Misstrauen und höchsten Ressentiments innerhalb Bayerns fürwahr: Föhneinfluss
und Sudetendeutsche sind da noch gar
nicht mit berücksichtigt. Von bayerischer Eintracht keine Spur!
Was sorgt da nun für den Zusammenhalt dieser so unfreundlich gesinnten
Bezirke, wo es heute nicht einmal mehr
die unpassierbaren Landesgrenzen zur
DDR und zur ČSSR hin gibt, die damals offenbar wegen der latenten Gefahr von Unruhen in Bayern so besonders hermetisch abgesichert wurden?
Auch der Druck vom preußischen und
sonstigen Ausland ist es nicht, den
nimmt nämlich hier weder einer ernst
noch wahr. Es muss eine Kraft im Inneren des Landes sein!
Und in der Tat: Es sind die Preußen,
Bayerns eigene Preußen. Sie sorgen für
Zusammenhalt, sie sind das einigende
Band, praktisch der Alleskleber, der
Kitt Bayerns. Sie verhindern, dass die
im Untergrund schwelenden Stammes-
fehden offen zum Ausbruch kommen.
Sie bieten sich angesichts ständig mög-
licher Unruhen als Zielscheibe an, werfen sich dazwischen (wenn auch meistens ohne es zu wissen) und sorgen
dafür, dass sich die Streithähne an ihnen
abreagieren können, bevor es untereinander zum Schlimmsten kommt. Bayerns Preußen sind die Puffer zwischen
den Fronten.
Gleichzeitig garantieren sie – und das
ist ihre wunderbare Doppelfunktion –,
dass Bayerns Staatsauto überhaupt
läuft. In diesem andauernden Reizkli-
ma, dieser Atmosphäre ständiger Hoch-
spannung, sind Bayerns Preußen quasi
die Zündkerzen im Motor des Staatsge-
fährts. Diese höchst positive Rolle wird
wegen der häufigen lauten Fehlzündun-
gen bei den Preußen gern übersehen.

Aber Altbayern allein – dann hätte die
Staatskarosse nur ein schönes Blech-
kleid, ein paar gemütliche Polster. Die
Franken steuern das Lenkrad bei, die
Antriebsgelenke und Wellen, die
Schwaben die vielen Knöpfchen, die
diffizile elektrische Anlage. Aber wer
fungiert sogar noch als Schmieröl,
damit trotz der inneren Reibereien alles
läuft und rund geht? Unsere Preußen
sind es. Wer will das noch leugnen? Sie
halten den Rest Bayerns in Schwung
und in Wallung. Sie bringen die Bayern
auf Touren und in Fahrt.
In anderen Teilen unserer Republik fallen die Preußen gar nicht auf, in Bayern
aber kommen sie richtig zum Tragen.
Deshalb darf man getrost behaupten:
Bayerns Preußen sind die besten, ja

sogar unverzichtbar, will man hier weiter in Frieden und Fortschritt leben. Wohl fordern immer wieder Vertreter sterbender Parteien, man solle es ohne Preußen versuchen. Aber wirklich ausprobieren will dies doch kein ernsthafter Mensch. Das wagt niemand, nicht einmal die Bayernpartei.

Bayern – ein Vorbild für das Zusammenleben der Völker

Die Leistung, die Bayerns Preußen hier vollbringen, kann gar nicht hoch genug eingeschätzt werden, wenn man jetzt noch bedenkt: Bayern zerfällt, über die bereits dargestellte Grobeinteilung hinaus, in zahlreiche verschiedene Täler und Gaue, Regionen und Landschaften. Viele davon sind wegen fließender Übergänge kaum genau abzugrenzen, geschweige denn verwaltungsmäßig zu erfassen. Das gilt zum Beispiel für die Holledau, den »Saurüssel«, das Ries oder die Fränkische Schweiz, für den Chiemgau oder Rupertigau, für die Regionen um die Flusstäler wie das Isartal oder das Rotttal, für das Fichtelgebirge oder das Dreiländereck, für den Oberpfälzer oder Steigerwald, den Franken- oder Bayerwald, für das Coburger, Werdenfelser oder Berchtesgadener Land. Man weiß zwar vielleicht noch, wo diese oder jene kleine Region innerhalb des großen Vielvölker-Freistaats Bayern ungefähr liegt, aber selten, wo sie genau anfängt oder aufhört.

Viele dieser Landesteile sind zugleich eigene, aber ebenso schwer voneinander abzugrenzende Sprachgebiete, in denen sich etwa dumpf bellende Oberpfälzer, guttural tirolernde Werdenfelser und in ihrem Singsang schon eher leicht böhmackelnde Bayerwäldler, alemannische Oberallgäuer und unterfränkische Ascheberscher (aus Aschaffenburg) kaum untereinander verständigen könnten, wenn sie nicht Hochdeutsch als erste Fremdsprache hätten. Was aber beweist, dass Bayerisch kein deutscher Dialekt ist, sondern eine dem Deutschen verwandte Sprache mit vielen Dialekten.

Als die bayerische Zentralverwaltung im Königreich damit begann, ein leicht oberbayerisch gefärbtes Hochdeutsch, auch Münchener Toskanisch genannt, als verbindliche Amtssprache einzuführen, wurde dies in fast allen stark ausgeprägten Sprachinseln wie eine Art Besatzungsrecht zur Unterdrückung regionaler Minderheiten empfunden. Das machte die kleinen Leute so hilflos wütend und unterlegen gegenüber Behörden, vor allem bei Polizei und Gerichten. Und das führte nebenbei zu den seltsamsten Ortsnamen, weil die meist mit der Landvermessung beauftragten akribischen Franken oft nur phonetisch niederschrieben, was sie inhaltlich verstanden hatten. So wurde zum Beispiel aus dem zwischen

Deggendorf und Grafenau gelegenen Berg »Breiter Jägerriegel« über das in breitem Niederbayerisch gebrummelte »Broata Jagariegl« in der Landkarte der heutige, mit Fernsehsender ausgestattete »Brotjacklriegel«.

So aus der Nähe gesehen könnten Russland, China oder Indien hier wirklich Studien darüber betreiben, wie im Vielvölkerstaat Bayern ein so friedliches Zusammenleben noch möglich ist – trotz derartiger Gegensätze. Dabei sind hier die verschiedenen Konfessionen, Fußballclubs und Weltanschauungen in Bier- oder Wein-, Knödel- und Klößfragen noch nicht einmal im Detail berücksichtigt!

Wo kommen die Bayern her und wie prächtig haben sie sich entwickelt?

Ein Crashkurs für integrationswillige Preußen

Es hat einmal eine Zeit gegeben, da hat Bayern noch nicht existiert.

Sicher ist es schwer vorstellbar, dass es in grauer Vorzeit einmal eine antike Welt ganz ohne Bayern gegeben hat. Am wenigsten können sich das natürlich die Preußen vorstellen, denn als diese entdeckt, gezähmt und zivilisiert wurden, so dass sie sich dann frech und ungebeten in die europäische Politik einmischen konnten, da waren die Bayern schon über tausend Jahre alt. Natürlich nicht jeder einzelne, aber das Land und das Volk und ihr reicher Kulturstaat, der nicht nur viele Kunstwerke geschaffen, sondern auch schon Österreich hervorgebracht hatte.

Das Kernland Baiern, auch Altbayern genannt, gibt es immerhin als eigenes Staatsgebiet unter Führung der Agilolfingerherzöge schon seit rund 1500 Jahren.

Als die vorangegangene, schon rund fünf Jahrhunderte lang während Römerherrschaft nördlich der Alpen zusammengebrochen war, sind im Jahre 488 auch in Noricum und Vindelicum die Besatzungstruppen abgezogen. Da setzten die in Germanien zu dieser Zeit führenden fränkischen Merowinger die aus Burgund stammenden Agilolfinger als abhängige Herzöge in dem Gebiet ein, das dann schlicht Baiern genannt wurde.

Das Staatsvolk in Bayern war eine gesunde Mischung aus Römern, die nicht zum Militär gehörten und – wie später die Preußen – nicht wieder heimgehen wollten, ferner aus dem harten Kern der noch von der Urbevölkerung übrig gebliebenen Kelten sowie aus den auch damals vom Norden her eingesickerten Germanen und aus einem starken Schub der von Osten her aus »Bajheim« (= Bohemia, Böhmen) Zugewanderten, die von den Kelten Baio genannt wurden. Einige Slawen, vor allem aus den später besiegten südöstlich siedelnden Awaren-Stämmen, dürften auch darunter gewesen sein. Doch nach und nach wurden aus dieser überwiegend friedlichen und ganz besonders sesshaften Völkermischung die »Baiuvarii« und daraus die Bajuwaren. An deren wissenschaftlicher Definition nach den Eigenschaften von Geist, Leib und Seele haben sich Rassenforscher bis heute vor lauter Widersprüchen die Zähne ausgebissen.

Preußischer Charme und österreichische Disziplin

Die historisch und geographisch seither vorgegebene Funktion der Puffer- und Ausgleichszone sowie der Dolmetscher- und Mittlerrolle zwischen den Völkern des Ostens und Westens, des

»Wer bin ich?«

Südens und Nordens ist Bayern bis in die Gegenwart erhalten geblieben. Dies brachte der frühere österreichische Bundeskanzler Bruno Kreisky einmal bei einer seiner jährlichen Kuren in Bad Wörishofen witzig, aber doch treffend mit dem klassischen Satz zum Ausdruck: »Ich fahr gern nach Bayern. Da bin ich schon nimmer in Österreich und auch noch nicht in Deutschland.«

Diese traditionelle Rolle des Vermittelns und Dolmetschens – nicht nur zwischen Österreichern und Preußen – fällt Bayern nach der Öffnung des Eisernen Vorhangs künftig wieder mehr denn je zu. Sie sicherte bisher einerseits das so unglaublich lange Überleben dieses Staates im Drehkreuz der europäischen Großmachtinteressen; aber sie prägte andererseits auch den grimmig-defensiven und stur-sesshaften Charakter der Menschen wie der Politik in Bayern.

Darum sagt man ja auch heute so boshaft-treffend über uns: »Die Bayern sind eine geglückte Mischung aus preußischem Charme, österreichischer Disziplin und italienischer Zuverlässigkeit.«

Dieses Baiern hat natürlich damals nicht nur das heutige Altbayern umfasst, sondern es reichte bis in die Mitte des 12. Jahrhunderts weit hinein nach Österreich, Südtirol und Oberitalien bis an die Adria. Erst als Kaiser Friedrich Barbarossa das unter Heinrich dem Löwen zu selbstherrlich gewordene Herzogsgeschlecht der Welfen entmachtete und Baiern dem treuen Otto von Wittelsbach zum Lehen gab, wurde das Herzogtum um seine heute österreichischen Teile verkleinert.

Aber wenn da jemand glauben sollte, die ehemals bayerischen Kolonien Kärnten, Steiermark, Ober- und Niederösterreich wären heute noch dankbar dafür, dass Bayern sie schon so früh und ohne Blutvergießen in die Freiheit entlassen hat, so irrt sich der. Kaum hatten wir die Österreicher aufgepäppelt und großgezogen, sind sie auch schon frech geworden und haben jahrhundertelang immer wieder versucht sich das ehemalige Mutterland unter den später kaiserlich lackierten rotweißroten Nagel zu reißen!

Aber unter der Herrschaft der Wittelsbacher Herzöge und Kurfürsten blieb das Kernland Baiern dann immerhin über 700 Jahre lang mit dem heutigen Oberbayern, Niederbayern und Teilen der Oberpfalz identisch. An dieser Kontinuität Altbayerns änderte sich nichts, auch wenn im Laufe der Geschichte mit ihren dynastischen Heirats-, Erbschafts- und Kriegswirren viele neue Gebiete, zeitweise auch wieder die alten – etwa Tirol – dazukamen oder erneut verloren gingen.

Das hat den nach Menschentyp, Sprache und Mentalität seit der Zeit um 500 nach Christus zum Staat Baiern gehörenden Menschen in Oberbayern, Niederbayern und der Oberpfalz dann natürlich schon ausreichend Zeit zum gegenseitigen Kennenlernen gegeben. Man konnte sich lange vorsichtig beäugen, bestaunen und beriechen um festzustellen, ob man sich schmecken kann oder nicht. Wenn aber zum Beispiel ein Bayerwald-Dorf fünfhundert Meter westlich der Ilz zum Herzogtum Baiern gehörte und das nächste Dorf fünfhundert Meter östlich der Ilz zum Fürstbistum Passau, dann gab es kaum mehr eine Verwandtschaft, sondern nur noch harte Rivalität, wie der zum Raufen einladende Vers deutlich macht:

»Ös bischöfliche Lackln, ös Nudeldrucka, wann de Boarischen kemman, müaßts umirucka!«

Solche Rivalitäten und Rangkämpfe wurden natürlich noch enorm gesteigert, wenn sich von drüberhalb der Grenzberge zu den Bairischen und Bischöflichen auch noch die Böhmischen gesellten. Die Geschichte des Dreisesselberges im »Dreiländereck« zwischen Bayern, Böhmen und Österreich gibt davon Zeugnis.

Doch erst recht hatte man in diesen gut 1300 Jahren Zeit zum herzlichen Zusammenraufen innerhalb Baierns – sei es mit Schwertern oder mit Maßkrügen, sei es untereinander wie zur Zeit der Erbteilung in drei bairische Herzogtümer oder »Seit an Seit« gegen die ganz Anderen – seien es die Böhmen oder Schweden, die Franzosen oder Preußen.

Die undankbaren österreichischen Brüder

Die gefährlichsten und hartnäckigsten Erbfeinde Baierns waren allerdings bis zum 1866 gemeinsam verlorenen Krieg gegen Preußen immer die Österreicher. Die Römer, die Schweden, böhmische Hussiten und Franzosen sind immer irgendwann wieder einmal abgezogen. Nur die Österreicher sind stur vor der bayerischen Haustüre liegen geblieben, haben – bis heute – in Raubrittermanier den Weg über die Alpen nach Italien versperrt und wollten einfach nicht abhauen. Damit nicht genug, ließen sie unter der Herrschaft der macht- und landgierigen Habsburger auch noch keinen Trick unversucht, sich angrenzende Teile Baierns einzuverleiben – zuletzt noch 1779 im Frieden von Teschen den gesamten Innkreis bis an die heutige Grenze bei Passau. Später haben sie es dann mit ihrem alten Schmäh versucht, Bayern mit Hilfe der schönen Sissi aufzuheiraten und irgendwann einfach kampflos zu erben. Da kamen ihnen die Preußen und der Erste Weltkrieg dazwischen.

Dabei wäre ohne die kraftvolle Hilfe der bairischen Kurfürsten Maximilian I. und Max Emanuel zuerst im Dreißigjährigen Krieg und danach beim Türkeneinfall bis Wien vom Reich der Habsburger sowieso nicht mehr viel übrig geblieben. Aber kaum hatte der bayerische Löwe jeweils dem schon beinahe gerupften und am Wienerwald-Grill gebratenen österreichischen Kaiseradler geholfen den Kopf samt dem scharfen Schnabel aus der Schlinge zu ziehen, da trugen sie ihre erhabene Adlernase auch schon wieder arrogant hoch über dem kleinen Kurfürstentum Baiern. Aber Schwamm drüber!

Die Bayern und Österreicher – speziell die Tiroler – haben sich durch ihre gesamte Geschichte hindurch immer wie eifersüchtige Brüder bestens verstanden, solange sie nur staatlich voneinander getrennt waren. Doch jedes Mal, wenn eine Seite sich die andere einverleiben wollte, floss in erbitterten Volksaufständen das verwandtschaftliche Blut – wie etwa 1705 beim bairischen Bauernaufstand gegen die österreichische Besatzung mit der »ewig unvergessenen Sendlinger Mordweihnacht«. Und dann rund hundert Jahre später wieder bei der Tiroler Volkserhebung gegen die Bayern und Franzosen. Wer die Geschichte kennt, würde an einen »Anschluss« nicht einmal denken!

Und wenn die Österreicher wieder einmal darum betteln, geben zumindest wir Bayern nicht mehr nach.

Beutebayern und Pfälzer

Erst 1806 wurde das Kurfürstentum Baiern von Kaiser Napoleon um das heutige Franken und Schwaben zum Königreich arrondiert. In diesen knapp zweihundert Jahren kennt man sich natürlich noch nicht so gut wie die Altbayern untereinander nach inzwischen rund 1500 Jahren. Das muss wohl auch der Grund sein, weshalb eben Alt- und Neubayern – letztere auch »Benefiz-« oder »Beutebayern« genannt – miteinander immer noch ein bisschen fremdeln und die Nasen noch nicht so kompatibel sind, dass sie einander gut riechen könnten.

Als nahe liegendes, aber völlig unbewiesenes Gerücht muss jedoch die Version dementiert werden, wonach Kaiser Napoleon diese ergänzende Gebietsabrundung nicht als Entschädigung für die linksrheinischen Gebiete der bayerischen Pfalz – die hatte er sich selbst unter den Nagel gerissen –, sondern nur aus Mitleid mit den Altbayern vorgenommen habe. Nämlich damit seine lieben, zwangsweise verbündeten und dann großzügig in seinen Feldzügen verheizten Baiern endlich Wein und bessere Würste von den Franken sowie Spätzle und besseren Käse von den Allgäuern und Schwaben erhalten sollten! Aber immerhin haben die Altbayern diese willkommene Abwechslung in ihrer Küche ohne großen Widerstand billigend in Kauf genommen.

Richtig ist dagegen die für viele Preußen verwirrende Erklärung, dass der heutige Freistaat Bayern nur deshalb mit Y geschrieben wird, weil der von jungen Frauen und alten Griechen gleichermaßen begeisterte König Ludwig I.

während seiner Regierung den Namen des noch ziemlich neuen Königreiches einfach mit diesem gut griechischen Buchstaben hellenisiert hat. Dieses »Ypsilon-Bayern« ist mit dem heutigen Freistaat weitgehend identisch – so wie Baiern mit »i« dasselbe bedeutet wie Altbayern. Nur um die Pfalz wurde Bayern nach dem Zweiten Weltkrieg noch verkleinert.

Die Rheinpfalz gehörte zwar als Erbland der Wittelsbacher zu deren Herrschaftsbereich, war jedoch durch die ganze gemeinsame Geschichte hindurch immer geographisch von Baiern wie von Bayern getrennt. Was haben wir Altbayern nicht alles getan um die aufmüpfigen und undankbaren Pfälzer Untertanen unserer Wittelsbacher Herrscher zufrieden zu stellen! Zuerst haben wir schon die Pfälzer Linie der Wittelsbacher als bairische Kurfürsten übernommen und bis heute durften die Pfälzer auch biedere Speyerer Bischöfe als Erzbischöfe von München und Freising liefern, weil das pfälzische Bistum Speyer traditionell noch zur Bayerischen Bischofskonferenz gehört.

Doch Kurfürsten hin, Bischöfe her – für die Pfälzer Bauern war etwas anderes viel wichtiger. In der bayerischen Landeshauptstadt konnten sie ihren Wein samt Brühwürsten, Kraut und Schwartenmagen verkaufen und sogar an privilegierten Plätzen eigene Weinstuben für die Münchener Bürger einrichten!

Da sitzen heute die Preußen mit ihrer findigen Spürnase für gute Plätze drin und lassen es sich gut gehen. Mehr Gutherzigkeit kann man ja wirklich selbst von einem Albayern nicht verlangen.

Die Franken – bierernst oder weinselig

Noch stärker wurden allerdings dann im Königreich, aber auch bis heute im Freistaat Bayern, die Franken hofiert – weit mehr jedenfalls als die bescheidenen Neubayern aus Schwaben. Da es keine fränkische Linie der Wittelsbacher gab, durften sie zwar keine Könige liefern, aber dafür zahlreiche strenge Bischöfe. Noch humorloser als diese waren allenfalls die unzähligen Beamten aus Franken, die aber dafür in der Kunst der hohen Staatsverwaltung und der höchsten Ministerialbürokratie umso begnadeter waren. Von denen sind viele sogar zu Ministern oder wenigstens Staatssekretären aufgestiegen. Zwei Franken – Hans Ehard und Hanns Seidl – gehören sogar mit zu den bedeutendsten Ministerpräsidenten Bayerns. Franz Josef Strauß war halb Franke, halb Altbayer – also quasi ein »Mischlingskind« – und somit als Ministerpräsident eine Art lebender, aber in sich zwiespältiger Versuch innerbayerischer Versöhnung.
Der von Staatsminister Graf Montgelas seit 1806 gegen den zähen – teilweise

Fränkischer Beamter – hoch dekoriert

noch bis heute unverändert anhaltenden – Widerstand der Franken aufgebaute innerbayerische Zentralismus hätte ohne die zugleich ebenso zäh für Recht und Ordnung kämpfenden fränkischen Beamten in der Staatsverwaltung niemals funktionieren können. Die eher lockeren Altbayern allein hätten wohl weder die Disziplin dafür aufgebracht noch den für die Staatsverwaltung notwendigen Bierernst.
Was für die Pfälzer Weine und landwirtschaftlichen Produkte gilt, trifft natürlich noch dreimal mehr auf die Franken zu. Was haben diese Unterfranken weit über ihre fränkischen Weinstuben in München hinaus nicht schon alles an ihren trockenen, erdigen

und sauteuren Weinen nach München verkaufen dürfen, als der allgemeine Geschmack in ganz Deutschland – und erst recht im Bier trinkenden Teil Bayerns – noch weitgehend auf liebliche bis süßliche Weine abonniert war! Aber bei Bayerns Staatsempfängen in der Münchener Residenz mussten aus Gründen der regionalen Wirtschaftsförderung immer herbe Frankenweine getrunken werden.

Doch nichts wäre falscher, als wenn man nun einfach Franken und Wein gleichsetzen würde. Das müsste besonders die Oberfranken hart treffen, die nicht nur ein ebenso gutes Bier brauen können wie die Altbayern, zum Beispiel das berühmte Kulmbacher Pils oder Bamberger Rauchbier, sondern auch mindestens ebenso viel davon verkaufen und selber trinken. Dabei sind ihnen die Mittelfranken eine große Hilfe, die nur wenige Weinbaugebiete haben und nicht so große Brauereien. Die Stadtbevölkerung in dem industriellen Ballungsraum Nürnberg-Fürth-Erlangen gehört ähnlich wie die Bevölkerung Münchens und Augsburgs zu den sogenannten Allestrinkern: Da hält sich Bier- und Weinkonsum ziemlich die Waage.

Dass die altehrwürdigen ehemaligen Reichsstädte Augsburg und Nürnberg als Metropolen Schwabens und Frankens immer in einer gewissen Rivalität zur bayerischen Landeshauptstadt München standen und stehen, ist eher eine Selbstverständlichkeit. Aber insgesamt war das Verhältnis zwischen Altbayern und Schwaben – mit Ausnahme vielleicht der unmittelbaren Nachbarn direkt an der Lechgrenze – nie so gereizt wie zwischen Altbayern und Franken.

Ob die Schwaben und die Franken überhaupt ein Verhältnis zueinander haben, ist kaum bekannt; am ehesten wohl auch zwischen den Geschlechtern und sonst direkt an ihrer Grenze. Auf jeden Fall haben sie wenig miteinander zu schaffen und noch weniger Gemeinsamkeiten – außer als politische Gegengewichte gegenüber München und den altbayerischen Bezirken sowie speziell zur Dominanz des alpenländischen Oberbayern.

Eine eigene Rass

Woher die rund vier Millionen Franken eigentlich kommen, weiß man nicht so genau, und ob sie überhaupt ein richtiger Stamm sind, ist auch unter den Gelehrten umstritten. Die fränkischen Patrioten selbst behaupten zwar steif und fest, sie seien die Nachfahren jenes berühmten Volkes der Franken, das nach der Völkerwanderung vom 4. bis 9. Jahrhundert – also auch zur Zeit der bairischen Staatsgründung – unter Führung ihrer Hausmeier und später der fränkischen Kaiser ganz Europa beherrscht hatte. Viele Geschichtswissenschaftler und noch mehr die Altbayern bezweifeln jedoch diese These stark. Vielleicht haben sie die Hausmeier mit fränkischen Hausmeistern verwechselt. Außerdem würde diese Abstammung den Franken in Bayern auch nicht viel Anerkennung einbringen. Diese historischen Franken waren die ersten in einer langen Reihe, die immer nur versuchten die Baiern zu beherrschen und sie als Hilfstruppen für ihre Feldzüge in völlig fremde Länder zu verheizen, wo die Baiern keinerlei Feinde, ja nicht einmal Freundinnen oder andere Eigeninteressen hatten. Darum ist es gar nicht einmal abwertend gemeint, wenn die Altbayern von den heutigen Franken mit ihrer ungeklärten Abstammung sagen: »Die sind halt eine eigene Rass!« Unbestritten ist nämlich, dass es nicht nur in Bayern Franken gibt, sondern auch in Hessen und Rheinland-Pfalz, sowohl links als auch rechts des Rheins, sei es als Mosel- oder Rheinfranken. Doch nirgendwo außer in Bayern dürfen sie eine so große Rolle spielen und sich gar ein eigener Stamm nennen, der auch noch gleich drei eigene Regierungsbezirke zu verwalten hat, der im großen Staatswappen mit drei Rechen repräsentiert ist und dazu auch noch ständig in der Landesregierung mitreden darf.

Vor allem aber dürfen die Franken in keinem anderen Bundesland schon so lange und so laut jammern wie in Bayern, dass sie so schrecklich benachteiligt und unterdrückt werden. Hier stört das niemanden, weil es im ganzen Land sowieso nur benachteiligte Bezirke und Städte gibt und weil es bekanntlich einem Franken wie einem Bauern erst dann wirklich schlecht geht, wenn er einmal mit dem Jammern nachlässt.

Nun sind die drei fränkischen Regierungsbezirke natürlich meist keine historisch gewachsenen Gaugrenzen, sondern ziemlich willkürlich oder pragmatisch festgelegte Einteilungen seitens der Staatsverwaltung. Als die Franken 1806 von Napoleon dem neuen Königreich eingefügt wurden, da kamen sie nicht als geschlossene Einheit und eng verbundener Stamm. Sie wurden vielmehr aus den dortigen, recht unterschiedlichen kirchlichen und weltlichen Herrschaftssprengeln wie ein Schock Eier in die gleiche altbayerische Pfanne gehauen und zu einem Staat, dem Königreich Bayern, zusammengebraten.
Für den größten Teil des heutigen Frankens hat es zuvor einen ständigen Wechsel der Herrschaften und der Konfession und deshalb noch nie so eine lange Kontinuität bei der Staatszugehörigkeit gegeben wie in den knapp zweihundert bayerischen Jahren, gegen die sich die Franken anfangs noch mächtig gesträubt hatten. Nur deshalb konnten sie jedoch überhaupt erst im Laufe dieser gemeinsamen bayerischen Zeit ihr heute so stark ausgeprägtes Re-

gionalbewusstsein entwickeln. Dieses aber ist in ganz Bayern durchaus respektiert – von der fränkischen Sprache bis zur Volksmusik, von den fränkischen Trachten bis zur eigenen Küche und zu sonstigen Besonderheiten der fränkischen Kultur, die den echten Preußen in Berlin und Brandenburg früher weit eher bekannt waren als später »Bayerns Preußen« im Norden und Westen Deutschlands.

Im Festefeiern stehen die Franken den Altbayern in keiner Weise nach und fromme Vorwände dafür finden sie auch immer. Ein noch so katholisches Kirchweihfest kann fränkische Protestanten nicht abschrecken diese schöne und nahrhafte »Körwah« mitzufeiern. Die freiwillige Sangesfreude der Franken ist im übrigen Bayern geradezu berüchtigt, weil es zumindest für männliche Altbayern und Schwaben normalerweise schwer verständlich ist, dass die Franken auch singen, wenn sie nicht mehr Kinder, nicht in der Kirche oder noch nicht besoffen sind.

Die unbestritten größte Hochachtung gebührt der fränkischen Küche – von den Würsten bis zu den Klößen und Backwaren und von Gemüsen und Salaten bis zum Obst und Obstler. In meist sehr viel ärmeren Verhältnissen lebend als die Altbayern haben die fränkischen Kleinbauern, Metzger, Köche und Hausfrauen ein Maximum an geschmackvollen Speisen entwickelt. Al-

lerdings weist auch die insgesamt weniger deftig-bäuerliche, sondern mehr verfeinerte bürgerliche Küche in verschiedenen Teilen Frankens wieder ihre eigenen regionalen Unterschiede auf. »Die fränkische Küche« gibt es also ebenso wenig wie »die bayerische Küche«.

Wo immer die geschichtliche Wurzel des fränkischen Stammes und seiner Kulturtradition liegen mag, wie groß auch die Unterschiede zwischen Bier- und Weinfranken, urbanen und ländlichen Franken sein mögen – Gemeinsamkeiten in ihrem Wesen, die man über die drei fränkischen Rechen scheren kann, sind dennoch nicht zu übersehen. Sie sind durchwegs bei der Arbeit sehr flink und geistig sehr beweglich, allem Neuen aufgeschlossen und deshalb ebenso fortschrittsbegeistert wie erfindungsreich. Die meisten Franken sind sehr beredsam und dialogfreudig, doch können sie auch stockkonservativ und somit geradezu altfränkisch verzopft sein, was Glaubensstrenge, Sitte, Ordnung und feste Lebensregeln betrifft. Wehe wenn etwa jemand am Samstag den Gehsteig nicht kehrt! Dieses Wesen der Franken drückt sich unter anderem auch in einem strengeren Stil des Hausbaus und in der geschlosseneren Anordnung ihrer Dörfer aus. Der Altbayer, und noch mehr der Schwabe, lebt viel individualistischer, wirtschaftet eigenbrötlerischer für sich allein und hält lieber genügend Abstand zu den Häusern der Nachbarn. Demgegenüber sucht der gemeinschaftsbewusste Franke traditionell mehr die Geborgenheit und Nestwärme einer eng zusammengebauten und gut organisier- fen oder Fürstbischöfe, die in ihren eng begrenzten Domänen ein strengeres Recht und Regiment mit schärferen Kontrollen gegenüber ihren Untertanen ausübten als große Herzöge und relativ liberale Kurfürsten in Altbayern.

Schwierige Balance im Freistaat: Altbayern und Franken bei Laune halten

ten Stadt- oder Dorfgemeinschaft. Dies ist vermutlich eine historisch gewachsene psychologische Reaktion der fränkischen Bauern und Bürger auf die weit absolutere Herrschaft kleiner Markgra- Diese Erfahrungen mit der Obrigkeit sind wahrscheinlich auch der Grund dafür, dass die Franken weniger geradlinig, grob und offen sind als etwa die Schwaben. Auch nicht so aufbrausendaggressiv, wie es die Altbayern leicht sein können. Die Franken wirken zumindest auf die übrigen Bayern eher duckmäuserisch, jedoch listig und ein wenig verschlagen, jedenfalls auch – im positiven Sinne – als äußerst gewiegte Taktiker.

Die Altbayern neigen eher zur Behäbigkeit und Sturheit, zur hinterfotzigen Schlaumeierei und einer gewissen Liederlichkeit, zu geradezu anarchischem Trotz gegenüber einer zu aufdringlichen staatlichen Obrigkeit und ebenso zu antiklerikalem Eigensinn gegenüber den geistlichen Herren; sie leisten sich auch einen selbstironischen Humor – genährt aus starkem Selbstbewusstsein – und zeigen einen Hang zum provozierenden Derblecken oder spöttischen Frotzeln der anderen wie zu diesem unberechenbaren Wechselspiel zwischen eisenharter Nichtreaktion und herausfordernder Rauflust. Dies alles ist den Franken völlig fremd und höchst verdächtig.

Was Altbayern und Schwaben jedoch an vielen Franken nicht ausstehen können, ist deren scharfer und pfiffiger Witz im Austeilen bei gleichzeitig hoher Empfindlichkeit im Einstecken. Die Schwaben haben dagegen einen eher trockenen, aber hintergründigen Humor, sind nicht so schnell gekränkt und indigniert wie die ehrpusseligen Franken, aber wenn, dann sind sie nachtragender. Wenn ihnen die Kritik oder Spöttelei

der anderen zu viel wird, können Bayerns Schwaben in gewitterartigen Zornesausbrüchen in breitem Schwäbisch so gottserbärmlich grob »schelten« und zugleich so herzerfrischend offen poltern, dass selbst den frotzelnden Altbayern und den stichelnden Franken vor Schreck Hören und Sehen vergeht. Darum legen sich rauflustige Altbayern auch viel lieber mit streitsüchtigen Franken an als mit den lange zurückhaltenden, aber dann höchst explosiven Schwaben.

Unsere sparsamen Westbayern

Nun wird es höchste Zeit, auch nach der Herkunft der Schwaben und nach ihren regionalen Verschiedenheiten Ausschau zu halten – soweit dies einem Altbayern ohne differenzierte schwäbische Sprachkenntnisse überhaupt möglich ist. Die Schwaben sind bisher in dieser Unterrichtung für Preußen, die Bayern erforschen, gerade so vernachlässigt worden, wie sie sich auch im Freistaat oft fühlen – und nicht immer zu Unrecht. Das Schwabenland ist allerdings auch nicht als geschlossener Verband zum Königreich Bayern gekommen, sondern erst 1837 von König Ludwig I. aus verschiedenen Bestandteilen von Herrschaften zusammengeschlossen und zum siebten bayerischen Regierungsbezirk erhoben worden.

Zuvor hatte Napoleon – ähnlich wie bei den fränkischen Neubayern – erst einmal im Zuge einer großen Flurbereinigung zwischen Iller und Lech, Allgäu, Ries und Bodensee eine Vielzahl von Kleinherrschaften, Reichsstädten und -klöstern sowie reichsfreien Territorien mit kaiserlichem Diktat aufgelöst. Dann hatte er sie wie Rosinen, Rahm und Apfelschnitzel zu einem geschlossenen Provinz-Strudel zusammengerollt und dem Königreich Bayern als dritten »Bruderstamm« in die Bratrein gelegt. Und schon nach gut zwanzig Jahren bayerischer Herrschaft waren sie so zusammengerückt und -gebraten, dass sie begannen sich in ihrem eigenen Regierungsbezirk Schwaben als Einheit zu fühlen und zu behaupten.

Damit war auch die stolze und wohlhabende Fuggerstadt Augsburg wenigstens als Bezirkshauptstadt wieder stärker in den Mittelpunkt gerückt worden. Augsburg hat ja immerhin schon fast 1200 Jahre existiert, als München erst von Heinrich dem Löwen gegründet wurde – und das nur wegen eines eher kleinkarierten Streits mit dem Bischof von Freising um die Maut an der Isarbrücke. Als die spätere Landeshauptstadt München noch eine klosternahe bäuerliche Siedlung »bei den Mönchen« war und erst durch Herzog Heinrichs Brückenbau interessant wurde, war die heutige Schwabenmetropole schon seit der Römerzeit wirtschaftliches und kulturelles Zentrum.

Es hätte ja nun wohl jeden gewundert, wenn in diesem Vielvölkerstaat Bayern ausgerechnet die Schwaben ein in sich geschlossener Volksstamm gewesen wären. Dem ist tatsächlich nicht so. Die Unterschiede fallen nur nicht so auf wie anderswo, weil die Sweben, die das Vorallgäu, Augsburg und den Nordwesten Schwabens über die Donau hinauf bis ins Ries bewohnen, mit den Alemannen im Allgäu und am Bodensee immer sehr friedlich zusammenlebten. Auch das Allgäu zerfällt zwar wieder in verschiedene Regionen. Doch um sich gegen drei altbayerische und drei fränkische Regierungsbezirke behaupten zu können, durften sich Schwaben und Alemannen hier untereinander keinesfalls solche Rivalitäten erlauben wie die swebischen Württemberger und die alemannischen Badener.

Im Allgäu hatten vier Jahrhunderte lang die Habsburger geherrscht und im Südwesten die Stauffer. Daran erinnern noch die drei liegenden Stauffer-Löwen, die im bayerischen Staatswappen den Bezirk Schwaben vertreten. Das war freilich bei weitem nicht alles, was die Schwaben Bayern eingebracht haben. Sie sind mindestens ebenso bodenständig, eigentumsliebend und unabhängig wie die Altbayern, aber ernster und meist fleißiger, von einem gesunden Gewinnstreben, aber dabei viel sparsamer: Sie sparen nicht nur aus Not, sondern sogar mit Lustgewinn. Schwaben sind auch weniger wurschtig und leichtsinnig, aber darum halt auch nicht so großzügig und lebenslustig wie die Altbayern und Franken. Vor allem haben sie weniger Spaß am Festefeiern als ihre »Bruderstämme«, weil schließlich bei einem Fest nichts geschafft wird, sondern nur das mühsam Ersparte verprasst.

Der Schwabe ist von seinem Wesen her sehr naturverbunden und religiös, aber beides mit weniger Sinnenlust, sondern eher mit einer Neigung zum Grübeln und Spekulieren. Dies hat sich in der stillen, mehr kontemplativen Frömmigkeit der Schwaben ausgewirkt, aber ebenso auch in ihrer Begabung für Naturheilkunde, für die nicht nur der Name von Pfarrer Kneipp steht. Manchmal plagt die schwäbischen wie die alemannischen »Westbayern« beim Grübeln allerdings auch ein schlimmer Verdacht. Nach der klassischen königlich bayerischen Aufgabenverteilung im Freistaat Bayern, so befürchten sie, seien – jeweils ihrer Natur entsprechend – die Schwaben vor allem zum Arbeiten und Sparen da, die Franken eher zum Verwalten und Regieren, die Altbayern aber mehr zum Feiern und Repräsentieren. Fraglich ist nur, ob es die Schwaben sehr freut, wenn ihnen bei dieser Einschätzung die anderen Stämme auch noch weitgehend Recht geben.

Und Bayerns Preußen?

Nach diesem kurzen Rundschlag durch die Stammesgeschichte von Altbayern, Franken und Schwaben ist vielleicht manchen von Bayerns Preußen nicht ganz klar, wo denn in dieser Vielvölker-Gemeinschaft ihr Platz und wie ihre Rolle sein könnte. Das ist nicht regional und stammesmäßig, sondern nur individuell zu lösen und am besten mit einem Witz zu erläutern.

In einem Münchner Bierkeller sitzen an einem Tisch ein Altbayer, ein Franke und ein Schwabe beisammen. Dann kommt ein Preuße und nimmt dort, ohne lange zu fragen, ebenfalls Platz. Egal, ob die drei Bayern diskutieren, streiten oder lachen, er redet ständig dazwischen und versucht mit ihnen ins Gespräch zu kommen; er wird aber nicht einmal ignoriert. Dann kommt eine Sammlerin von der Heilsarmee an den Tisch und hält allen vieren die Sammelbüchse hin. Der Preuße wirft gleich großzügig und deutlich sichtbar ein Fünfmarkstück hinein und gibt die Büchse an den Schwaben weiter. Der reicht sie ohne etwas einzuwerfen an den Franken weiter und der ebenso an den Altbayern. Dieser wirft auch nichts hinein, sondern gibt sie sofort an die Sammlerin zurück und sagt freundlich: »Mir vier ghörn z'samm!«

Alles Unheil kommt vom Norden

Anmerkungen zum bayerischen Welt- und Politikverständnis

Nach dem Zweiten Weltkrieg waren es zuerst noch ganz wenige Münchner, die nicht immer nur nach Süden gefahren sind um Urlaub zu machen, sondern auch einmal in den Bayerischen Wald. Diese wenigen genossen – wie ich in den siebziger Jahren – dort die schöne Natur und den Umgang mit den noch nicht so professionellen und kommerzialisierten Einheimischen und mussten sich dabei oft über eines wundern: Die in größerer Zahl hier eingereisten Berliner Feriengäste gehörten zu den beliebtesten Urlaubern – noch weit vor den als arrogant verschrieenen Münchnern, auch abfällig »Mingara« genannt.

Das stand in seltsamem Gegensatz zu dem bayerischen Klischee-Feindbild vom überspannten, überheblichen und Leute anschnauzenden Berliner. Und das passte natürlich erst recht nicht zu unserer Überzeugung, dass alle Menschen dieser Welt uns Münchner so innig lieben müssen wie wir uns selbst. Was war da passiert?

Da ich beim Nachdenken über dieses Phänomen auch in Oberbayern ähnliche Eindrücke gewinnen konnte, suchte ich nach einer Erklärung. Ich fand sie eigentlich nur in der doppelten Wirkung einer einfachen Ursache: Berlin war nicht mehr Hauptstadt. Das bedeutete doch, dass alle Bayern, die sich über die deutsche Regierung ärgerten – einschließlich aller Landespolitiker –, in Richtung Bonn schimpfen mussten und nicht mehr wie vor dem Krieg in Richtung Berlin.

Die ersten, die in der Nachkriegszeit in Deutschland wieder gutes Geld verdienten und sich einen Urlaub in Bayern und dem Süden insgesamt leisten konnten, waren auch nicht die in ihrer Stadt eingeschlossenen und vom Hinterland wirtschaftlich abgeschnittenen Berliner, sondern die Leute aus dem Rhein- und Ruhrgebiet, aus Hamburg und Frankfurt – eben aus den wirtschaftlich schon früh prosperierenden Teilen der föderalistischen Bundesrepublik. Und so wie die Berliner zu ihrer

Heimat standen, wie sie in ihrer Stadt hungerten, durchhielten und dann froh und dankbar waren, wenn sie in Bayern frische und freie Luft atmen, vor allem aber ordentlich »futtern« konnten – so wirkten sie nicht mehr als arrogante »Hauptstädter« und als überhebliche »Saupreußen«, sondern als bescheidene, nette und sympathische Urlaubsgäste.

Daran sollten sich die Berliner noch rechtzeitig wieder erinnern, wenn sie jetzt erneut zu Hauptstadtbewohnern werden, und das in einem Land, das viele unterschiedliche, aber gleichberechtigte Großstädte gewohnt ist und mit dem künstlichen Begriff »Hauptstadt« sowieso nicht mehr viel anfangen kann, geschweige denn in Ehrfurcht davor erstarrt.

Die bayerischen Bauern und ihre Preußen

Wieder ein Blick zurück: Nach dem mehr oder weniger dank militärischer Übermacht erpressten Eintritt Bayerns ins Deutsche Reich wurden ab 1871 nach und nach immer stärker im preußischen, protestantischen und zentralistischen Machtzentrum der Reichshauptstadt Berlin auch die Geschicke des Agrarlandes Bayern und seiner wenigen Industriezentren mitbestimmt. Im Berliner Reichstag wurden nicht nur die Steuern festgelegt, sondern zum

Beispiel auch noch von den ost- und westpreußischen Großgrundbesitzern und Junkern die Getreide- und Kartoffelpreise bestimmt. Die konnten aber auf ihren großflächigen Gütern mit billigen Landarbeitern unter völlig anderen Voraussetzungen produzieren als die bäuerlichen Familienbetriebe in Bayern auf ihren vergleichsweise kleinen Höfen. Da wurde eben gewaltig auf »Berlin« und die Saubande dort geschimpft.

Nicht zuletzt deshalb entwickelten sich auch die großen Pferde- und Viehmärkte in ganz Bayern in den letzten 150 Jahren immer mehr zu politischen Veranstaltungen – wie etwa der politische Aschermittwoch in Vilshofen –, wo die Politiker der Bayerischen Volkspartei und des Bauernbundes unter dem Jubel der verärgerten Bauern Schimpf- und Schmähreden gegen die »preißische Saubande da drobn in Berlin« gehalten und scharfe Forderungen an ihre allzu »lahmarschigen« Interessenvertreter in München gerichtet haben.

Es ist geradezu eine Ironie der Geschichte, dass die Bauern in Bayern heute fast wieder die gleichen Konkurrenzprobleme in der EU haben. Aber trotz Modernisierung und Mechanisierung, trotz Flurbereinigung im weiten Flachland hin zur trostlosen »maschinengerechten Landschaft«, trotz Bauernsterben und einer schwindenden Lust zur Hofübernahme sind halt in Bayern bis heute andere landwirtschaftliche Strukturen geblieben. Soll man denn alle kleinen bäuerlichen Familienbetriebe auf einen Schlag enteignen, damit dann halbindustriell produzierende Großbetriebe installiert werden können? Oder soll man die schönen Berghänge und die hügelige, von Bachtälern und Waldstücken durchzogene Landschaft der Voralpen und Mittelgebirge Bayerns einfach mit Bulldozern flach hobeln, damit dort auch so eine maschinengerechte Anbaufläche von endlosen Weiten entsteht wie in Schleswig-Holstein, Pommern oder in der Normandie?

Dann würde Bayern ähnlich langweilig ausschauen wie jene Gebiete Preußens und Nordwesteuropas, aus denen die Menschen jedes Jahr im Urlaub sehnsüchtig zu den Bergen, Seen und bewaldeten Hügel des Südens aufbrechen. Darum sind ja nicht nur Naturschützer und Ökologen, sondern auch alle Fremdenverkehrsorte und am Tourismus interessierten Einheimischen froh darüber, dass die bayerischen Bauern überhaupt noch die Kulturlandschaft pflegen und erhalten. Und dabei sollen eben gerade nicht alle Feldraine, kleinen Gehölze und Bachauen verschwinden, sondern im Gegenteil lieber wieder hergestellt werden.

Ob die Preiskonkurrenz auf dem Markt nun die weit bequemer und rationeller zu bewirtschaftenden Agrargebiete Nordfrankreichs, Belgiens, Hollands, Nord- und Ostdeutschlands oder Ost-

europas sind – für die bayerischen Bauern sind es eben wieder die »Nah- oder Fernpreußen«, die ihnen mit ihren Preisdiktaten in der EU das Leben schwer machen. Hinzu kommt noch, dass die Verbrauchermassen in den »preußischen« wie in den bayerischen Großstädten heute zwar eine Heidenangst vor ungesunden Lebensmitteln haben, aber für gesunde Lebensmittel aus bäuerlicher Arbeit kein Geld mehr ausgeben wollen. Sie wundern sich dann nur, wenn sie dank der möglichst billigen industriellen Agrarprodukte ständig mit neuen Krankheiten, Tierseuchen oder Beigaben von illegalen Hormon- und Chemiezusätzen beschert werden.

Die preußischen Großstädte – Brutstätten sündhaften Lebenswandels?

Natürlich nicht nur in der Agrarpolitik, sondern auch in vielen anderen Bereichen sind seit Bismarck und Kaiser Wilhelm I. – also seit 1871 – Preußen und seine Hauptstadt Berlin die Ursache oder der Mittelpunkt für nationalen Zentralismus und für bürokratische Staatsmacht in Deutschland. Allerdings auch für gute Ausreden in Bayern: »An allem sind die Preußen schuld! Wer sonst?«

Ferner verbindet sich mit Preußen für katholische und konservative Bayern auch die Vormachtstellung des Protestantismus und seines Staatskirchentums samt Bismarcks Katholikenverfolgung sowie das Bild von den »Brutstätten« für den damals in Industriezentren ausbrechenden Sozialismus. Dem stand immer schon – wie heute fast deckungsgleich wieder – das föderalistische, barocke, katholische, teilweise auch antiklerikale, das königs- und obrigkeitstreue, aber zugleich demokratische und oft sogar anarchische Bayern mit allen seinen Widersprüchen als starkes Bollwerk entgegen. Bezeichnend dafür ist der alte, aber nicht ganz zufällig gerade zu Zeiten von Franz Josef Strauß recht gern erzählte Witz: Zwei Bayern schimpfen über die schlechten Zeiten, die furchtbaren Zustände und über die unfähige Regierung. Da sagt der eine: »I glaub, mir brauchatn bald a Anarchie.« – Meint der andere: »Ja, aber mit am starken Anarchen!«

Auch kulturell kam in der Zeit nach dem Ersten Weltkrieg aus Sicht des überwiegend bäuerlichen und katholischen Landes Bayern quasi alles Unheil aus Berlin oder zumindest aus dem nicht weniger preußischen Hamburg. Alles Unsittliche und Unkeusche, was Gott und die Kirche verboten hatten und was laut Ludwig Thomas Abgeordnetem Filser »unterhalb des Nabels« stattfindet, wurde in der übermütigen Hauptstadt Berlin nicht nur »ausgschaamt« betrieben, sondern auch noch als moderne »Kultur« gefeiert:

von gottlosen Theatern und erotischen Tänzen über moderne Damenmoden und freche Kabarettisten bis zu unmoralischen Filmen, leichtfertigen Schlagern und unkeuschen Badeanstalten für Halbnackte beiderlei Geschlechts.

Man kann sich heute kaum mehr eine Vorstellung machen, mit welchem Eifer bayerische Pfarrer damals gegen die Verwahrlosung der Sitten in Berlin und den anderen reichen preußischen Großstädten zu Felde ziehen mussten, wie ungeheuer sie damit die Phantasie und auch den Neid der braven Bayern angeregt und aufgewühlt haben. Eine umfangreiche katholische Predigtsammlung aus der Zeit der Weimarer Republik, die einen heute zu Lachsalven hinreißen würde, macht deutlich: Eine ganze Reihe der – von Paris und New York inspirierten – gesellschaftlichen Umbrüche in den Großstädten wurde letztlich auf die vereinfachte Formel vom verderblichen Einfluss der Preußen und vom sündhaften Fremdenverkehr reduziert.

Von den fleißigen Berliner Arbeitern, den Angestellten und den braven, sittsamen Protestanten, die auch in ihrer Kirche strenge und prüde Moralpredigten anhören mussten, bekam die sesshafte Mehrheit der Bayern natürlich nichts mit: Sie kannten ja das ganze sündhafte Preußenland nur aus den Medien.

Die in Bayern und München noch blühende traditionelle Volks- und Bür-

»Aa wenn der Preiß bloß as Zimmer verwechselt hat – Folklore muaß sei!«

gerkultur mit ihren klassischen Opern, Operetten und Theatern von durchaus hoher Qualität wurde damals tatsächlich als »provinziell« abgewertet und als unmodern verspottet. Nur an einigen Spielstätten, so etwa am Deutschen Theater, wurde der lockere Berliner Modernismus in der leichten Muse entweder nachgemacht oder sogar noch übertroffen und dann nach Berlin exportiert. Aber zum Beispiel so ein furchtbar moralgefährdender Auftritt wie der von Josephine Baker, der farbigen amerikanischen Tänzerin im Bananenröckchen, wurde dem Deutschen Theater in München untersagt.

Der Fremdenverkehr –
eine unerschöpfliche Quelle von
Missverständnissen

Wo diese gegenseitigen Vorurteile immer noch nicht ausreichten, tat der Fremdenverkehr seit der Mitte des 19. Jahrhunderts ein Übriges: Sommerfrische in den oberbayerischen Alpen- und Seengebieten konnten sich damals nur reiche Preußen wie Fabrikanten oder Diplomaten und höhere Beamte mit sicherem Einkommen und festem Urlaub leisten. Sie gingen, vorbei an den schwitzend schuftenden Bauern, in der prallen Sonne und frischen Landluft spazieren – oft den Schmetterlingsfänger voraus und »Ein Lied, zwo, drei, vier!« –, ausgerechnet in den Wochen, als in Bayern (oder in Österreich) die

Sommerfrische: »Guck mal, Eulalia, die Bajan spielen mit Strohmännchen!«

Ein »Stadtfrack« muss in »die Kurze« (Lederhose) erst hineinwachsen.

Bauern gerade ihre Hauptarbeitszeit bei der Heu- und Getreideernte hatten. Die Preußen – zu denen übrigens mehr oder weniger auch die komischen »Stadterer« gleichen Standes aus bayerischen Großstädten gezählt wurden – trugen zunächst meist für Wald, Flur oder Seeufer recht enge und lange, auf jeden Fall unbequeme städtische Kleidung. Bis sie dann nach dem Vorbild des an seine alpenländischen Jagdgehilfen längst angepassten bayerischen und österreichischen »Trachten-Adels« auch das bequeme Arbeitsgewand der

Einheimischen kennen lernten und übernahmen: der bayerischen Jäger, Holzhauer, Bauern und Knechte, Bäuerinnen und Mägde, Burschen und Mädchen. Natürlich war diese Begegnung – sei es bei gespreizter Unterhaltung oder beim neugierigen gegenseitigen Beriechen und Befühlen bei Festen mit Tanz oder Rauferei – von seltsamem Reiz und hoher erotischer Spannung.

Allmählich gehörte es dazu, dass man auch als Preuße oder Großstädter im Urlaub in bequemen Lederhosen und leichten, feschen Dirndlkleidern herumlief – egal, ob bei dem einen die dünnen Bürowadl oder bei der anderen der flache Diätbusen dies flott oder lächerlich erscheinen ließ. Da den Stadtpreußen natürlich sowohl das Traditionsbewusstsein als auch das angebo-

»Gehts ihr Saupreißen glei aus mei'm geförderten Wiesnbrüter-Biotop raus!«

rene Gespür für Arbeitsgewand und Sonntagstracht fehlte, hatten die bayerischen Bauern oft genug viel zu lachen.

Die Preußen haben in den ersten rund hundert Jahren seit der Vereinigung mit Bayern im Deutschen Reich nie das städtische und bürgerliche Bayern kennen gelernt, sondern nur das alpenländisch-bäuerliche Dorfleben in den Fremdenverkehrszentren, die bereits das eigens für die Preußen entwickelte Klischeebild Bayerns pflegten. Sie haben ebenso wenig die feinere bürgerliche Küche in Bayern ausprobiert, sondern fast nur die deftige bäuerliche, und auch da vorwiegend den Hendl-, Haxen- und Bratwürstlbetrieb auf den ländlichen Volksfesten oder dem Münchner Oktoberfest.

»Gell, Preißn, da muaß oana scho a Köpferl habn, dass er des z'sammbringt!«

Die Bayern wiederum sind zum größten Teil nie in nord- oder westdeutsche Großstädte gekommen. Sie haben daher die Preußen immer nur in deren Urlaub und nie bei der Arbeit oder zu Hause in deren städtischen Wohngebieten erlebt. Und diese in Bayern immer nur als überhebliche »Faulenzer« auffallenden Urlauber hatten auch ohne sichtbare Arbeit noch mehr Geld zum Ausgeben als die meisten Bayern auf den Dörfern, von denen viele bis weit nach dem Zweiten Weltkrieg das Wort »Urlaubsreise« nur vom Hörensagen kannten. Selbst bayerische Bauern, die es sich leicht hätten leisten können, haben sich lange nicht getraut in Urlaub zu fahren, denn das hätte ihnen ja einen verheerenden Ruf im Dorf und bei der ganzen Verwandtschaft einbringen können.

In Bayern entwickelte sich mit dem Tourismus erstmals eine Anpassungs- und Trinkgeld-Mentalität, ferner das zur Bestätigung der Touristen-Vorurteile erwünschte und daher vorgespielte »urige« Kraftprotzentum und das kracherte »Dorfdeppentum« zur Unterhaltung der Fremden. Dazu kam – zumindest noch eine längere Zeit nach dem Zweiten Weltkrieg – die völlige Kommerzialisierung und weitgehende Korrumpierung von Brauchtum, Trachten- und Volksmusikpflege. Einige Gruppen und ganze Orte haben sich vom Kommerz und der professionell-volkstümlichen Touristen-Folklore wieder gelöst, aber das ist die Minderheit. Es ist ja auch wirklich nicht leicht, die wirtschaftlichen Erfordernisse des Tourismus und die volkskulturelle Unschuld im Alltag miteinander in Einklang zu bringen.

Die ziemlich einseitige und daher vorurteilsbeladene Beziehung zwischen Bayern und Preußen betraf somit hier in Bayern die ziemlich arme bäuerliche Dorfbevölkerung im bayerischen Seen-, Alpen- und Voralpenland, dort im Norden Deutschlands die gut verdienende, vorwiegend städtische Bevölkerung in nord- beziehungsweise westdeutschen Industriegebieten – zudem größtenteils aus gebildeten und sozial gehobenen Schichten. Die noch relativ reichen bayerischen Bauern im Flachland hatten dagegen meist weder die Voraussetzungen noch Interesse am Fremdenverkehr. Die Bauern und die bäuerliche Landbevölkerung in Westfalen, Schleswig-Holstein, Ostpreußen oder Pommern machte ebenso wenig Urlaub und Ferien wie die bayerischen Bauern und natürlich schon gar nicht im Sommer.

Es trafen also fast nie die wohlhabenderen und gebildeteren Schichten aus den Großstädten zusammen und ebenso wenig Bauern mit Bauern, Arbeiter mit Arbeitern oder kleine Beamte und Angestellte mit ihresgleichen. Dadurch hat der ziemlich einseitige Tourismus von Norden nach Süden auch kaum zu wirklicher Begegnung, kaum zu echtem

Bio-Bäuerin: »Kommts nur her, jetzt sackln ma eich ökologisch aus!«

Kennenlernen und Verständnis beigetragen. Man hat nur übereinander geblödelt, geschimpft oder herablassend gespottet. Aber man hat – im Gegensatz zur heute äußerst bemühten Völkerverständigung mit Ausländern oder den modischen Klagen über die noch fehlende innere Einheit zwischen Ost- und Westdeutschland – in 150 Jahren nichts zur Verständigung innerhalb der reichs- oder bundesdeutschen Stämme beigetragen. Nichts, damit die stark unterschiedliche Mentalität, die aus völlig anderer gesellschaftlicher Entwicklung durch Tradition und angestammten Charakter erwachsen ist, dem jeweils

anderen überhaupt bewusst gemacht, geschweige denn von ihm in der Andersartigkeit auch respektiert worden wäre.

Die ewig unverstandene bayerische Politik

Da die Bayern jedoch immer in der Minderheit und die längste Zeit auch in der wirtschaftlich schwächeren und abhängigen Position waren, befanden sie sich immer in der politischen wie kulturellen Defensive: Wer anders ist, ist dumm oder komisch, wer nicht ange-

Endlich helfen ein paar Preußen beim föderalistischen Fingerhakeln!

passt ist, liegt falsch und ist rückständig, wer sich nicht dem Druck zur Einheitlichkeit unterwirft und seine Eigenheiten nicht ablegt, ist ein Separatist oder ein Störenfried mit Anspruch auf Extrawürste oder gar »Sonderwege«.

Rechtmäßige Obrigkeit ist eben eine Sache, aber angemaßte Privilegien der Feudalherrschaft sind eine andere. Der passiv beharrende Freiheitswille der Bayern und ihre mutige Entschlossenheit bei der Verteidigung von bedrohten Rechten haben sich auch im sturen Festhalten an der Wiedervereinigung Deutschlands und sogar an der Einheit der nicht sonderlich geliebten Hauptstadt Berlin manifestiert, als andere sich angepasst hatten. Genauso kämpferisch zeigten sich die Bayern natürlich erst

recht immer, wenn es ums eigene Löwen-Revier ging: um politische Selbstbestimmung und kulturelle Eigenständigkeit gegenüber jeder einmal akzeptierten und ansonsten stoisch ertragenen Zentralmacht – sei es aus Wien oder Berlin, Bonn oder Brüssel. Diese Haltung gilt nicht nur für das Land, sondern für den größten Teil der Menschen. Sie sind ohne Druck oder gar Zwang fleißig und ideenreich, weil sie sich eben in eigener Verantwortung ihr Eigentum erwirtschaften und »ihr Sach« erhalten wollen – als Garantie ihrer persönlichen Freiheit und Eigenständigkeit. Echte Bayern wollen nicht nur, dass ihr Land unabhängig ist – vom Bund wie von anderen Ländern. Sie möchten auch persönlich mit möglichst viel Selbstverantwortung weitgehend unabhängig von fremder und staatlicher Hilfe bleiben. Darum waren die Bayern immer Individualisten und misstrauisch gegenüber jedem Kollektiv – sei es auch nur ein landwirtschaftlicher Maschinenring. Sie sind eher trotzig arm als leicht anfällig für sozialistische Umverteilungsideen. Sie verzichten sogar lieber auf soziale Wohltaten als diese mit zu viel Staatszuständigkeit und Staatsvorsorge erkaufen zu müssen. Diese aus einer jahrhundertealten Tradition freien und stolzen Bauerntums erwachsene Neigung zu Selbstverantwortung und zur Loyalität in Freiheit ist einer der Gründe, warum es in Bayern auch im Industriezeitalter nie einen Hang zum Sozialismus und erst recht keine Chance für ein kommunistisches System gegeben hat. Darin liegt auch die Ursache, warum einerseits soziale, pragmatische und realistische Sozialdemokraten jederzeit gern in Bayerns Rathäuser gewählt werden. Und warum andererseits Landes- und Bundespolitiker der SPD hier ständig mit ihren Weltverbesserungsideologien scheitern.

Es hat in der 1500-jährigen altbayerischen Geschichte keine ernsthaften Volksaufstände gegen die eigenen Herrscher oder gar blutige Revolutionen gegeben – bis auf einige Revolten gegen die Erhöhung des Bierpreises und eine vergleichsweise harmlose liberale Bürgerrebellion gegen König Ludwig I. im Jahr 1848. Die einzigen ernsthaften – zuletzt dann vom kaiserlich österreichischen Militär blutig niedergeschlagenen – Bauernaufstände gab es in Bayern um 1705: aber nicht gegen, sondern für den bayerischen Kurfürsten und gegen die österreichische Besatzung – nach dem Motto: »Lieber bairisch sterben als habsburgisch verderben!« Offenbar als Ironie der Geschichte wurde der Kaisersohn Otto von Habsburg Europa-Abgeordneter von Bayerns CSU.

Selbst bei der »Revolution« der Sozialisten, die 1918 zum Sturz der Monarchie und zeitweise zu einer linken Räterepublik in Bayern führte, ist nur wenig Blut geflossen. Die Soldaten und Arbeiter in München rebellierten eigentlich nicht gegen das Herrscherhaus der Wittelsbacher. Sie hatten nur genug von Not und Elend des Ersten Weltkriegs und von einer preußisch-militaristischen deutschen Großmachtpolitik. Als aber damals König Ludwig III. bei einem Spaziergang vor dem Münchner Hofgarten ahnungslos einem bewaffneten Haufen von Revolutionären in die Hände lief, sagten diese nur respektvoll und fürsorglich zu ihm: »Majestät, gehen S' lieber schnell heim in d' Residenz, net dass Ihnen noch was passiert!«

Um die heutige wirtschaftliche Spitzenposition Bayerns wirklich gerecht bewerten zu können, muss man an die schlechte Ausgangslage nach dem Ersten wie nach dem Zweiten Weltkrieg erinnern. Bayern hatte 1918 nicht nur die letzten Reste seiner Souveränität verloren, sondern zusammen mit Österreich auch den Zugang zum Mittelmeer über den Hafen Triest. München war nach 1918 von der gepflegten königlichen Residenzstadt zur Provinzstadt verkümmert, die Entwicklung der Wirtschaft stagnierte ebenso wie das Bevölkerungswachstum. Der frühere, überwiegend noch aus der Landwirtschaft kommende Wohlstand ging in der Preiskonkurrenz des Deutschen Reiches verloren.

Die wirtschaftlich expandierende und politisch dominierende Hauptstadt Berlin saugte anderen Landesteilen die Steuern ab, bestimmte in einem zerstrittenen Reichstag die Entwicklung. Man spottete dort nur über den hilflosen Zorn aus dem konservativen Agrarland, das trotz aller neuen Anstrengungen gegenüber der guten industriellen Entwicklung im vorigen Jahrhundert immer weiter zurückfiel.

Auch wenn der bayerischen Politik imperialistischer Expansions- und Eroberungsdrang – außer in der Zeit von Kurfürst Max Emanuel – fremd war, hatte es in seiner Geschichte nie an Bemühungen um die Ausdehnung des Handels gefehlt; aber weniger nach Norden und Westen, sondern mehr nach dem Süden, Osten und Südosten Europas hin. Viele der modernen Strukturveränderungen in Bayern bauen auf dieser

Tradition auf. Davon zeugen die Ölleitung zu den Häfen von Triest und Genua, die Erdgasleitung aus Russland über die Tschechei, die Tauern- und Pyhrnpass-Autobahnen und die enge Zusammenarbeit der Arbeitsgemeinschaft Alpenländer und Adria. Auch am Brenner-Basistunnel bohren wir seit gut 20 Jahren politisch mit der uns eigenen Dickköpfigkeit unverdrossen weiter.

Nach dem Zweiten Weltkrieg war ja Bayern, das seit 1919 statt Republik auf deutsch »Freistaat« heißt, unter amerikanischer Besatzung sofort als erstes deutsches Land wieder in seinen alten napoleonischen Grenzen erstanden. Es verlor nämlich von seinem Territorium nur die Pfalz, die ein eigenes Bundesland wurde. Der Pfälzer Helmut Kohl ist deshalb noch ein geborener Bayer und nicht erst mit der Verleihung des Bayerischen Verdienstordens 1992 von Ministerpräsident Stoiber scheinheilig zum »Herzensbayern« erhoben worden.

Zwischen 1945 und 1949 wurde im Landtag noch über separatistische Absichten debattiert. Ein unabhängiges Bayern läge ja nach Fläche und Einwohnern unter den europäischen Staaten immerhin noch im ersten Drittel. Doch trotz aller föderalistischen Vorbehalte gehört Bayern seit 1949 wieder zur Bundesrepublik Deutschland, seit kurzem sogar ohne Austrittsrecht. Der

Abgeordnete Seelos hat 1949 im ersten Deutschen Bundestag diesen nur scheinbaren Gegensatz in einer Parlamentsrede etwa so formuliert: »Wir Bayern bekennen uns zu Deutschland, aber merken Sie wohl auf: Wir sind Deutsche nur als Bayern, so wie wir Europäer nur als Deutsche sind!«

Die bayerische Politik der Nachkriegszeit war in den großen Zügen inhaltlich nie sehr weit weg von der bundesdeutschen, eher ein wenig deutscher. Die wirtschaftlichen Rückschläge seit der Jahrhundertwende, die wachsenden Strukturprobleme der Landwirtschaft, die Grenzlandsituation, der Beginn des Wirtschaftswunders zunächst im Westen und Norden Deutschlands und der Spott über das »Schlusslicht« brachten in Bayern Komplexe hervor, die zu Trotz, ständigem Selbstlob und zorniger Verteidigung führten.

Der Historiker Hans F. Nöhbauer hat sich einmal recht originelle Gedanken gemacht über die lange historische Abgeschlossenheit Bayerns: zunächst zwischen Alpen und Limes während der 500-jährigen Römerzeit, aber dann auch in späteren Geschichtsphasen, etwa nach der Reformation als bewusste Abgrenzung von den nordgermanischen Nachbarn. Voll typisch altbayerischer Selbstironie schreibt Nöhbauer:

Die den Bayern verschiedentlich auferlegte Erschwernis im Umgang mit der Welt bleibt also nicht ohne Folgen und sie mag auch die Ursache für jene Art Introversion sein, die den Bewohner dieses Landes dazu bringt, sich mit nichts lieber zu beschäftigen als mit sich selbst, dem Bayern. Und das Ergebnis solcher Spiegelschau: die Freude und das Ergötzen darüber, dass der liebe Gott etwas so Großartiges, etwas so Einmaliges wie ihn erschaffen hat! Und dass er dieser Krone seiner Schöpfung auch noch das schönste, lieblichste Land des ganzen Erdkreises geschenkt und sie zuletzt noch mit dem wohlklingendsten aller Dialekte ausgestattet hat. Die Selbstgefälligkeit der Bayern ist grenzenlos und hemmungslos.

Bayern war in seiner Geschichte immer ein relativ wohlhabendes, doch nie ein wirklich reiches Land. Es ist zwar von der Natur mit schönen Bergen, mit Wäldern, Flüssen und Seen ausgestattet worden, aber leider nicht mit wichtigen Bodenschätzen. Wir haben praktisch nur die »Nah- und Fernpreußen« als wichtigsten Rohstoff der bayerischen Fremdenverkehrs-Industrie. Aber auch die nur so lange, als sie nicht gleich alle hierbleiben, sondern jedes Mal, nachdem sie ausgenommen sind, wieder in ihr Revier heimfahren um neue Kohle zu holen.

Bayern war aber auch – abgesehen von einigen früher geographisch oder klimatisch stark benachteiligten Regionen – nie ein wirklich armes Land. Es hatte immer viel fruchtbaren Boden für Ackerbau und Viehzucht, Weide- und

Waldwirtschaft. Wo da Wohlstand erwuchs, kam er freilich von der Arbeitskraft, vom Fleiß und der Tüchtigkeit der Menschen.

Aber Bayerns Bewohner – also auch Franken und Schwaben – haben ihren Wohlstand nie durch kriegerische Raubzüge, Unterwerfungen und Eroberungen erworben, sondern nur durch ihre eigene Leistung und ihren Erfindergeist. Früh nutzte Bayern – wem sage ich das! – seine Wasserkraft zur Stromgewinnung und nicht zufällig fuhr die erste deutsche Eisenbahn in Bayern. Die Wasserkraft lieferte Strom, die Eisenbahn Rohstoffe – die Grundlagen für den Aufbau einer chemischen Industrie in Bayern. Doch Ende des letzten Jahrhunderts begannen die Schlote mehr und mehr dort zu rauchen, wo auch Kohle und Erz gefördert werden konnten. Die industrielle Entwicklung lief dann in der ersten Hälfte dieses Jahrhunderts nicht völlig, aber doch zu einem guten Teil an Bayern vorbei.

In den ersten zwei Nachkriegsjahrzehnten gehörte das einst so stolze Bayern im bundesdeutschen Finanzausgleich zu den Empfängerländern. Erst in den sechziger und siebziger Jahren nutzte die Staatsregierung neue Chancen und Entwicklungen um aus dem alten Agrarland wieder ein modernes, konkurrenzfähiges Industrieland zu machen.

Mit einer von Kohle und Stahl unabhängigen Hightech-Industrie – allerdings auch mit einem Schwerpunkt auf Rüstungs- und Raumfahrtbetriebe – kam der Strukturwandel voran und das so quasi nachindustrialisierte Bayern an die Spitze der deutschen Länder. Schaut man sich die Standortstreuung der VIAG-Unternehmen über alle bayerischen Regierungsbezirke an, so ist der Konzern für die dezentrale bayerische Strukturpolitik geradezu maßgeschneidert.

Anfänglich sind die Bayern meist misstrauisch gegen alles Neue und Fremde. Sie sind auch kritisch gegenüber Erfindungen und Experimenten – insbesondere politischen. Aber wenn man sie einmal von etwas überzeugt hat, setzen sie sich auch voller Mut, Energie und Risikobereitschaft für diese Neuerungen ein. Eines hat Stoiber heute mit Strauß gemeinsam, was ihn von Max Streibl unterscheidet: Er fordert diese Eigenschaften der Bayern auch ein und sie als Löwen heraus. Nur – er weiß im Gegensatz zur SPD: Die Bayern bleiben dann aus ihrer eher bäuerlichen Charakterstruktur auch dabei und lassen sich nicht wie ein Wetterhahn von jedem neuen Wind gleich in andere Richtungen umdrehen.

Bis Ende der sechziger Jahre haben SPD und FDP das alte Agrarland Bayern in fast allen Bereichen als »Schlusslicht« angeprangert. Die CSU haben sie auf Wahlkämpfen damals als industrie- und fortschrittsfeindliche, höchst rückständige Bauernpartei gegeißelt. Warum? Weil sie viel zu wenig Autobahnen baue, die Industrieansiedlung nicht ausreichend fördere und sie zudem übers Land verstreuen wolle statt sie in Ballungszentren zu konzentrieren. Besonders schwer wog der Vorwurf, die noch bäuerlich geprägte CSU bringe die friedliche Nutzung der billigen Atomenergie nicht schnell genug voran, weil sie nämlich nicht so viele Industriearbeitsplätze mit SPD-Wählern wolle. Bis heute wundert sich nun die SPD, dass ihr bei ihren rot-grünen Ausstiegs- und Spring-Prozessionen aus der Kernkraft, der Neutronen-Forschung und dem Straßenbau viele Bayern nicht so recht folgen wollen.

Eine schwierige Dreiecksbeziehung

Das Verhältnis zwischen Bayern, Preußen und Österreichern

Wie oft passiert es nicht einem Bayern, der nach Bonn, Hamburg oder Berlin kommt, dass er von Freunden oder Kollegen herzlich begrüßt wird: »No hearst, wos kimmt denn do für aaner? Küss die Hand!« Da heißt es mit aller Disziplin die Beherrschung zu bewahren, weil man halt – wie so oft – wieder einmal die Erfahrung machen muss, dass es vielen Preußen Deutschlands ungeheuer schwer fällt, Bayern und Österreicher an ihrer Sprache oder ihrer Tracht auseinander zu halten. Und ein verhunzter österreichischer Dialekt schmerzt ein bayerisches Ohr nicht weniger als ein versaubeutelter bayerischer.

Wenn sich dagegen »Bayerns Preußen« in Österreich so aufspielen wie in Bayern, dann wundern sie sich, dass die Österreicher – vor allem jene, die nicht direkt vom Tourismus leben – darauf allergisch und sauer reagieren. Noch schlimmer wird es, wenn es um Politik, Geographie, Geschichte und Kultur geht: Da bringen die meisten Preußen so ziemlich alles durcheinander, was weiß-blau oder rot-weiß-rot ist. Manchmal ist es allerdings auch wirklich schwer, weil sich die Österreicher zum Beispiel stets große Mühe gegeben haben sich das Beste herauszusuchen und zum Beispiel Adolf Hitler als Deutschen, Beethoven dagegen als Österreicher zu verkaufen, ganz zu schweigen von dem Gezerre, wem der Bayer Mozart wirklich gehört: den Österreichern oder den Deutschen.

Wo immer aber Deutsche und Österreicher sich verbrüdern oder in die Haare geraten – meist sind die Bayern dazwischen, sei es als Puffer, Dolmetscher oder Vermittler. Preußen behaupten oft sogar frech, die Bayern wären der fließende Übergang vom Österreicher zum Menschen. Manchmal freilich gelingt auch die Sportart des beidarmigen Aufheiratens. Darum sagt man den Bayern ja auch nach, sie wären eine gelungene Mischung aus preußischem Charme und österreichischer Disziplin.

Österreich – die zweite Heimat der Bayern

Für das bayerisch-preußische Verhältnis wäre es deshalb mindestens ebenso wichtig, dass die Preußen besser zwischen den beiden alpenländischen Nachbarn unterscheiden könnten, wie dass die Österreicher endlich so viel über Bayern wüssten wie diese über die Länder der Alpenrepublik. Es ist mir in Wien leicht ein Dutzend Mal passiert, dass ich sagte: »Ich fahre übers Wochenende in den Bayerischen Wald« und mir zustimmend geantwortet wurde: »Ah ja schön, den Schwarzwald kenn ich auch!«

Seit Jahrzehnten fahren jedes Jahr Millionen Bayern nach Österreich. Sofern ihnen die anderen Millionen Deutschen aus dem Norden, Westen und Osten der Bundesrepublik und die übrigen Touristen noch wo ein Plätzchen freilassen, kommen die Bayern zum Bergsteigen und Skifahren, zum Baden und Surfen, zum Wandern und zu Festspielen. Sie lassen sich mit süßem Auslese-Wein voll laufen und verströmen Liebe, manchmal auch umgekehrt. Sie suchen Schwammerl und finden Freunde, manchmal auch umgekehrt.

Kurzum, wenn auch oft nur im Zweit- oder Dritturlaub – die Bayern machen das, was der bayerische Autor Georg Lohmeier einmal so nett formuliert hat: »Wer ins Ausland fahren und doch daheim bleiben will, der macht Urlaub in Österreich!« Deshalb glauben die meisten Bayern Österreich »wie ihre Hosentasche« zu kennen.

Und tatsächlich: Auch wenn sie zwanzig Jahre lang an den gleichen Ort fahren, immer das gleiche Essen bestellen und den gleichen Wein trinken, sie erfahren trotzdem eine Menge über andere Teile Österreichs und deren Unarten, weil sie wenigstens die Sprache verstehen.

Nur wenige Bayern, sofern sie nicht Handelsvertreter oder Wahlkämpfer sind, kennen Altbayern, Schwaben und Franken zugleich. Aber alle miteinander kennen Österreich, wo sie sich auch am ehesten treffen, dann vielleicht sogar vertragen und wie in einer zweiten Heimat ein »Wir-Gefühl« als Bayern entwickeln. Dies umso mehr, wenn sie in Österreich auf Preußen treffen und selbstverständlich erwarten, dass die österreichischen Verwandten auf jeden Fall die Bayern lieber mögen müssen. Daheim allerdings wissen die Bayern viel mehr Witze über die Ösi-Nachbarn.

Bayern – ein weißer Fleck auf der österreichischen Landkarte

Dagegen gibt es bisher immer noch vergleichsweise wenige österreichische Urlauber in Bayern. Die Medien unseres Nachbarlandes verschweigen auch die bayerischen Fremdenverkehrsgebiete konsequent. Sie werben lieber für exotische Länder, die keine Ähnlichkeit mit Österreich aufweisen und somit keine direkte Konkurrenz sind.

Unsere alpenländischen Brüder kommen deshalb fast nur auf der Durchreise, aus beruflichen Gründen oder zum Einkaufen nach Bayern. In all diesen Fällen sind sie voll im Stress und sehen kaum etwas vom Land. Geschweige denn, dass sie irgendetwas Näheres über Land und Leute erfahren. Das geschieht oft erst, nachdem sie schon eingeheiratet oder einen Arbeitsplatz gefunden haben.

Erst etwa gegen Ende der achtziger Jahre haben Firmen und Vereine in Österreich entdeckt, dass man Betriebsausflüge auch in diesen noch weißen Fleck auf ihrer Landkarte machen und Bayern kennen lernen kann.

Wenn ein Preuße bedenkt, dass vor rund 2000 Jahren in Bayern wie in Österreich fast alles noch voller unordentlicher Natur war, die erst von Menschenhand besiegt, gebändigt und nach den Mustern der Fremdenverkehrsprospekte ordentlich hingetrimmt werden musste, dann begreift er erst, was die Umgestaltung der Natur zu Landschaften, Gegenden und Regionen damals für eine Sauarbeit gewesen ist.

Alles in allem kann man feststellen, dass Bayern und Österreich über eine Geographie verfügen, auf die sie stolz sein können. Beide Länder sind durch end-lose Bemühungen, sich gegenseitig zu kultivieren, bei aller Konkurrenz doch einander so ähnlich geworden, dass sie heute großartig zusammenpassen – trotz oder vielleicht gerade wegen der Grenzen, die sie trennen, die aber um des lieben Friedens willen wahrscheinlich sogar notwendig sind.

Dass das mit dem Zusammenpassen auch noch für die Straßen und Brücken gilt, die alle exakt aufeinander treffen, ist das größte Glück – vor allem für die zahllosen Nah- und Fernpreußen aus Deutschland und Westeuropa, die als Urlauber oder Transit-Touristen die alpenländischen Nachbarländer durchqueren und so nirgends mit ihren Autos in Wiesen, Wälder, Flüsse oder gleich ins Leere schießen.

Fragt man einen bayerischen Ministerpräsidenten: »Wo liegt Bayern?«, so antwortet er mit ziemlicher Sicherheit aus der Tradition von Franz Josef Strauß heraus: »Im Mittelpunkt des weltweiten Interesses.« Das hätte gewiss vor etlichen Jahren der damalige österreichische Bundeskanzler Bruno Kreisky – nicht Partei-, aber Zeitgenosse von Strauß – ganz energisch bestritten und eher für sein Land gelten lassen.

Der ehemalige SPÖ-Bundeskanzler hatte neben vielen anderen, nur wenig gewürdigten Verdiensten auch das Eine: Sein Urlaubsverhalten war für einen Österreicher eine Pioniertat.

Franz Josef Superman im weißblauen Himmel: »Was wird aus meinem Bayern?«

Wenn der weltbekannte rote Häuptling aus Verdruss über die österreichische Innenpolitik daheim gelegentlich zornig das Kriegsbeil hinwarf um sich seiner eigenen Gesundheit zu widmen, fuhr er zur Kur nach Bad Wörishofen in Bayern.

Würde man dagegen Altkanzler Kreisky und den Ministerpräsidenten Franz Josef Strauß heute im Jenseits befragen können: »Wo liegt Bayern?« und »Wo liegt Österreich?«, so würden vermutlich beide antworten: »Im Argen!« Denn es ist alles nicht mehr das, was es einmal war, und die gute Zeit war in der gesamten Menschheitsgeschichte immer nur die alte, die vergangene. Darum hat weder Bayerns SPD von der SPÖ das Siegen gelernt noch Österreichs Volkspartei von der CSU.

Wozu gibt es eigentlich die Alpen?

Daraus ersieht man, dass mit der Bestimmung der wechselhaften politischen Lage nicht weiterzukommen ist. Man sollte daher lieber versuchen die alpenländischen Nachbarländer mehr geographisch zu orten und sie danach auch im Vergleich ihrer menschlichen Qualitäten, Schwächen und Mentalitätsunterschiede leichter auseinander zu halten. Soweit das bei Menschen außerhalb dieser Verwandtschaft halt überhaupt geht.

Bayern und Österreich sind beides: sowohl Transit- als auch Urlaubsländer. Das ist zwar eine weithin bekannte Tatsache, aber über der wird immer wieder allzu leicht vergessen, dass beide Länder auch von Eingeborenen bewohnt werden. Diese machen gelegentlich mürrisch auf ihre Existenz aufmerksam, was ihnen jedoch meist gleich als europafeindliches Verhalten ausgelegt wird. Vor allem in den kurzen Zwischensaisonphasen, wenn sie ihre Wirtshäuser und Betten, ihre Berge, Seen und Straßen auch selbst benutzen dürfen, werden Bayern und Österreicher manchmal auch wieder gegenseitig aufeinander aufmerksam. Das tut aber selten gut und ihre Lage wird insgesamt eher verschlechtert, wenn sie einander dann die Schuld für die Transitprobleme zuschieben.

Für die meisten Ein- oder Durchreisenden stellt sich das topographische Erscheinungsbild von Bayern und Österreich so dar: »Da wird's ja hint' höher wia vorn!« Vorn, also in Bayern von Nordwesten, in Österreich von Wien her, fangen beide Länder ganz flach und harmlos an, steigern sich zur Hügellandschaft der Mittelgebirge und wollen dann aber immer höher hinaus – Bayern fast bis 3000 Meter Höhe, Österreich noch darüber. Beide Länder werden im Süden von hohen Alpengipfeln abgeschlossen, vor allem Österreich. Der ursprüngliche gottgewollte Zweck dieser Berggipfel, nämlich den verhängnisvollen Drang der Mittel- und Nordeuropäer nach dem Süden ebenso einzudämmen wie den Expansionsdrang der Südländer nach Norden, wird längst nicht mehr erfüllt.

Angefangen mit dem Durchbrechen dieser nur gut gemeinten göttlichen Ordnung hat vor weit über 2000 Jahren ein gewisser Hannibal aus Karthago. Dieser Nordafrikaner hatte natürlich keine Ahnung davon, dass diese Alpenkette genau dafür bestimmt war, eben nicht überquert zu werden. Schon gar nicht von Soldaten in phönizischen Strandanzügen und Sandalen – diesen unseligen Vorbildern für unsere heutigen Turnschuh-Touristen aus dem Norden. Der große Warmluft-Feldherr Hannibal verlor deshalb auch einen großen Teil seines Heeres schon vor dem Kampf mit den Römern im heißen Italien, nämlich beim Überqueren der damals noch nicht gekennzeichneten oder vorsorglich gesperrten Hochalpenpässe. Vor allem auch deshalb, weil er keine hochalpinen Maultiere und Haflinger hatte, sondern nur magere Araberpferde und überladene Flachland-Elefanten ohne Spikes oder Schneeketten. Von der Höhenluft gedopt, heimsten seine als Alpini verkleideten Wüstenkrieger (oder wüsten Krieger) anfangs zwar noch ein paar Überraschungssiege ein, doch dann bekamen sie mit leichter Verzögerung vor Rom jene kalten Füße, die sie sich bei der Alpenüberquerung geholt hatten.

Genau genommen haben zwar weder Bayern noch Österreicher mit diesen »Punischen Kriegen« etwas zu tun gehabt (außer dass man sie im Gymnasium lernen musste), aber beide hatten im

weiteren Verlauf der Geschichte jahr-
tausendelang den Ärger mit der seit
Hannibal bei Römern, Germanen und
sonstigen Ost- oder Westgoten einge-
rissenen Unsitte, andauernd für touristische, geschäftliche oder militärische
Zwecke die Alpen im Transit überqueren zu wollen. Vor allem in der Zeit der
Völkerwanderung wäre den diversen
Stämmen mancher sinnlose Marsch
und auch sonst viel erspart geblieben,
wenn sie nicht gewusst hätten, dass man
die Alpen außer bestaunen auch bestei-
gen und überqueren kann.

Schon das alte Baiern, das vor rund tausend Jahren bis an die Adria reichte,
wurde so zum Transitland – ein Handi-
kap, das Österreich dann bei seiner
Gründung von Baiern erbte.Der lästige
Durchzug machte es leider notwendig,
ständig Pässe, Alpenstraßen, Tunnels
und Autobahnbrücken für teures Geld
auszubauen, nur damit immer mehr
nichtsesshafte Nachbarn aus ganz Europa ihren unseligen Nomaden-Hang
zu ewigem Nord-Süd-Pendeln austoben konnten. Anstatt ihr Urlaubsgeld
doch einfach gleich in Bayern oder
Österreich auszugeben und wieder
heimzufahren.

Harte Konkurrenz

Vergleicht man nun das heutige Staatsgebiet der Republik Österreich und des
Freistaates Bayern miteinander, so zeigt

sich bereits an einigen statistischen Beispielen die harte Konkurrenz der beiden Nachbarn. In manchen Bereichen
kann man sogar fast von einem Kopf-
an-Kopf-Rennen sprechen. Allerdings
nicht bei der Einwohnerzahl: Da liegt
Bayern mit rund 12 Millionen Köpfen
weit vor den nur etwa 7,5 Millionen
Österreichern – Größe und Gewicht
der einzelnen Köpfe noch gar nicht gerechnet, geschweige denn den Inhalt.
Trotzdem ist Österreich eine eigene
Bundesrepublik, Bayern hingegen nur
ein Bundesland. Immerhin darf sich
dieses Bundesland aus historischen
Gründen und als Trost für das seiner-
zeitige Unterbuttern ins Deutsche
Reich wenigstens Freistaat nennen, was
auf Deutsch nichts anderes als Republik
heißt und ungefähr so viel bedeutet wie
eigene Staatlichkeit als »Republik ho-
noris causa«.

Der Fläche nach ist Bayern mit genau
70 547 Quadratkilometern zwar das
größte Land der Bundesrepublik
Deutschland, aber Österreich ist mit
seinen 83 855 Quadratkilometern trotzdem ein wenig größer. Es muss damit
allerdings eine ganze Bundesrepublik
bilden, so dass für Österreichs neun
Bundesländer weit weniger Fläche ab-
fällt als für Bayerns sieben Regierungsbezirke. Im Bundesland Wien zum Beispiel kommen 1,5 Millionen Einwohner
auf nur 415 Quadratkilometer, was verständlich macht, warum dort so viel
gerempelt und gegenseitig das Haxl ge-

stellt wird. Rund die Hälfte von Österreichs Staatsgebiet ist außerdem nicht zu besiedeln und sogar 60 Prozent sind kaum nutzbar, weil sie oberhalb der Waldgrenze liegen und nur aus Fels und Eis bestehen.

Dieser Anteil an schnee- oder nur grasbedecktem Bergland ist in Bayern weit geringer, so dass wiederum an land- beziehungsweise forstwirtschaftlich nutzbarer Fläche Bayern größer ist. Dafür ist fast alles, was über zweitausend Meter hoch gelegen ist, in Österreich mit Liften oder Gondelbahnen, aufgesalzenen Gletscherskigebieten, Almhütten oder Gipfel-Wirtshäusern erschlossen und somit für touristische Zwecke doch wieder nutzbar. Wie man sieht: ein erbitterter Wettkampf Meter um Meter. Da staunt der Preuße!

Die österreichische Topographie ist ungeeignet für Fußball

Sieht man einmal vom Süden Oberbayerns, vom Allgäu und dem Bayerischen Wald ab, so sind zum Beispiel Fußballplätze in Bayern insgesamt viel leichter anzulegen als in Österreich. Wegen der überwiegenden Schieflage ihrer Landesfläche ist die Alpenrepublik somit für Fußball kaum geeignet – allenfalls noch östlich des Innviertels. Dort wird ja auch recht ordentlich gespielt. Topographisch wäre auch noch das nördlich der Wachau hoch, aber flach angelegte Waldviertel für Fußball geeignet. Allerdings bläst überall dort, wo kein Wald ist, der Wind so stark, dass leicht alle Elfmeter zu Bananenflanken verweht und bei Gegenwind ständig Eigentore schon beim Abstoß passieren würden.

Der gesamte alpine Süden und Westen Österreichs befindet sich jedoch von Haus aus in einer ähnlich ungünstigen Hanglage wie in Bayern das Allgäuer, Werdenfelser und Berchtesgadener Land, von wo auch noch nie berühmte Fußballclubs hergekommen sind.

Dort spielt halt zwangsläufig immer eine Mannschaft bergab und verschießt fast jeden Ball weit übers Tor, wogegen die andere Mannschaft dann bergauf spielen muss und fast nie einen Ball hoch bringt – außer im Rucksack. Und kaum hat man sich daran gewöhnt, muss man sich nach der Halbzeit schon wieder total umstellen.

Baut man aber die Fußballplätze mit den Toren quer zum Hang, gewinnen wieder meist nur die besseren Skifahrer, die genau zu unterscheiden wissen, wann sie den Berg- und wann den Talschuh belasten und wie sie bei der Gegenrichtung zwischen beiden umsteigen müssen, obwohl beim Fußball kein hilfreicher Stockeinsatz erlaubt ist, was Landvereine stärker machen würde.

Man muss deshalb zugeben, dass die Überlegenheit des bayerischen Fußballs gegenüber dem österreichischen nicht von Stammesunterschieden herrührt, auch nicht von größeren Füßen, sondern nur von der günstigeren Geographie etwa ab den Breitengraden von München, Augsburg und Nürnberg.

Für Bayerns Skifahrer und Bergsteiger ist dies freilich nur ein schwacher Trost, denn sie müssen neidvoll einräumen: Österreich ist in dieser Sportart eindeutig geographisch im Vorteil. Es hat den größeren Alpenanteil (sogar mehr als die Schweiz!) und auch noch weit höhere Berggipfel. Der Gipfel von Berg ist in Bayern die Zugspitze im Werdenfelser Land, die mit ihren 2949 Metern (Sommerhöhe ohne Schnee!) zugleich die höchste Erhebung von ganz Deutschland ist, dicht gefolgt von den ebenfalls bayerischen Alpenriesen Watzmann (2743m) im Berchtesgadener Land und Mädelegabel (2649 m) im Allgäu. Da das Allgäu im bayerischen Bezirk Schwaben liegt, wissen nicht nur Preußen, sondern auch Österreicher oft nicht, wo es beginnt. Die Antwort der Einheimischen Männer ist einfach: »Dort wo die Küah scheener seind als die Mädle!« Auf dieses Merkmal sollte man aber besser nicht abheben, wenn sich Allgäuerinnen in der Nähe befinden, und vor allem nutzt es im Winter relativ wenig, weil die Kühe da im Stall sind.

Doch zurück zum generellen Länder-Vergleich der Bergeshöhen, für den es innerhalb der EU seltsamerweise weder einen Ausgleich noch Entschädigungen gibt: Gegenüber Bayerns Zugspitze hat Österreich allein schon am Kleinglockner (3770m) über achthundert Meter mehr zu bieten, was aber noch gar nichts ist gegen den Großglockner, der im Winter bei nur drei Metern Schneehöhe sogar 3800 Meter erreicht.

Allgäu: Küah no scheener als d' Mädle

Darunter tummeln sich in Österreichs Alpen noch Dutzende von Dreitausendern.

Das hat zur Folge, dass Österreich seinen bayerischen Nachbarn an Gletschern weit überbieten kann, weil der mit dem Schneeferner im Zugspitzmassiv nur über ein einziges junges Minigletscherl verfügt.

Die »Donaumetropole« kann nicht in Österreich liegen

Aus all diesen Gründen lässt sich gegen den Österreich mehr von außen aufgedrückten Anspruch, »die Alpenrepublik« schlechthin zu sein, von bayerischer Seite kaum ein Einspruch vorbringen.

Anders dagegen verhält es sich mit der Donau. Der Ausdruck »Donaumonarchie« ließ sich zwar bis 1918 gerade noch rechtfertigen. Aber schon der Anspruch Wiens, sich als Bundeshauptstadt von Restösterreich auch nach 1918 ohne Ungarn und Serbien noch »Donaumetropole« zu nennen, grenzt bereits an Hochstapelei. Schließlich hat Bayern mit 387 Kilometern Donau einen viel größeren Anteil an diesem europäischen Strom als Österreich mit nur 350 Kilometern auf der rechten Seite. Links sind es sogar nur 321 Kilometer! Da könnte sich schon eher Regensburg, die Metropole der Oberpfalz, »Donaumetropole« nennen.

Allerdings muss man zugeben, dass in Bayern dafür nur der kleinere Teil des Stromes schiffbar ist, in Österreich hingegen die ganze Donau, die dort auch noch breiter ist. Mei, wer halt auf so was Wert legt! Seit allerdings die Rhein-Main-Donau-Wasserstraße fertig ist, sind Bayern und Österreich gleichermaßen an die Weltmeere angegliedert, was großartige Hochsee-Rundfahrten von Regensburg über Passau, die Wachau, Wien, Budapest und den Balkan durch das Schwarze Meer, das Mittelmeer, den Atlantik, die Nordsee und von Rotterdam über Köln, Frankfurt, Würzburg und Nürnberg, quer durch das nordbayerische Mittelgebirge, zurück nach Regensburg eröffnet. Ideale Kreuzfahrten für Rentner, die viel Zeit haben und wenig Sehnsucht nach hohem Seegang.

Beim Wetter ist Österreich von Bayern abhängig

Ländervergleiche bei Klima und Wetter sind immer schwierig, weil die jeweiligen Regierungen nur einen begrenzten Einfluss darauf haben. Österreich bezieht fast 70 Prozent seines Wetters aus Bayern, weil meist Westwind weht. Er wird von Bayern völlig ungefiltert und schön angereichert mit würzig-säuerlichem Regen einfach nach Österreich weitergegeben.

Das Wetter wird in Bayern und Österreich dringend gebraucht, und zwar teils für die Landwirtschaft, teils für den Fremdenverkehr, was zeitweise eine kontroverse Interessenlage ergibt. Die Meinungen darüber, was als Schönwetter und was als Sauwetter gilt, gehen daher nicht zwischen den Regierungen von Bayern und Österreich, wohl aber innerhalb der Länder weit auseinander, vor allem zwischen Bauern und Hoteliers.

Tatsache ist lediglich, dass Bayern meistens das Wetter zuerst hat und es dann ebenso selbstlos wie gebührenfrei weitergibt – ohne dabei jemals den Nachbarn dessen Wetter-Abhängigkeit spüren zu lassen. Noch nie hat Bayern trotz gelegentlicher Verärgerung der Alpenrepublik mit einer Wettersperre gedroht. Und Österreich versucht natürlich alles um das verspätet und stark gebraucht aus Bayern eintreffende Wetter zu verbessern. Aber das Aufhellen, Anwärmen und Verschönern der Wetterlage gelingt meist nur beim Radiowetter im ORF, der über hervorragende Schönredner für Wetterberichte zur Touristenwerbung verfügt.

Mit Bodenschätzen sind weder Bayern noch Österreich übermäßig gesegnet, wenn man einmal von Erdäpfeln und Zuckerrüben absieht, die auf dem Weltmarkt leider nicht viel bringen. Österreich verfügt immerhin noch über ein gewisses Ölvorkommen: Im Burgenland gibt es zwar nur dreckiges Rohöl, aber in der Steiermark immerhin ein recht feines und dazu noch gesundes Kernöl aus Kürbissen. Da Österreich aber Kernenergie ablehnt, wird es vorwiegend für Salat verschwendet.

Bayerns Bohrversuche nach Öl waren zwar auch im Prinzip erfolgreich, aber nur in Niederbayern, wo man wenigstens um Füssing, Griesbach und Birnbach heißes Wasser im Boden gefunden hat. Ist ja auch egal, eher praktischer, weil man dann wenigstens heroben kein Öl braucht um das Wasser erst noch warm zu machen.

Die größten Bohrerfolge gibt es freilich in den Regierungsvierteln beider Länder: Praktisch bei jedem Anstich mit spitzer Feder oder offenem Mikrophon kommt dort jederzeit heiße Luft heraus, deren Wert aber nur gering ist.

Es gäbe noch viele Vergleichsfelder, an denen der Wettbewerb der alpenländischen Nachbarn sichtbar gemacht werden könnte. So zum Beispiel ein Kropf-an-Kropf-Wettbewerb der Sennerinnen oder etwa die Niederschläge, wo es auch wieder einmal ein Kopf-an-Kopf-Rennen der beiden Nachbarn gibt. Dies ist aber ein heikles Gebiet. Erstens verwechselt man bei Niederschlägen leicht Wetter- und Polizeiberichte, zweitens ist die Freude über Niederschläge auch hier recht unterschiedlich, je nachdem, ob es Sommer oder Winter ist und ob man sie wiederum aus der Sicht der Ordnungshüter und Amtsrichter, der Landwirtschaft oder des Fremdenverkehrs betrachtet.

Aus ähnlichen Gründen soll hier auch auf Vergleichszahlen über Rindviecher, Schweine und Schafe sowie auf gegenseitige Protzerei mit Getreide-, Milch-, Käse- oder Butterüberschüssen verzichtet werden. Bei Salat, Kraut und Rüben brächte der Vergleich in jedem Fall ein ganz knappes Ergebnis.

Wie wird ein »Preiß« zum »Piefke«?

Das traditionell zeitweise gespannte Verhältnis zwischen Bayern und Österreichern wird oft dadurch sinnlos verbessert, dass sich immer wieder die Deutschen einmischen, egal ob sie hier Preußen oder dort Piefkes genannt werden. In der Münchner Straßenbahn kam es einmal zu einer unbeabsichtigten Rempelei und danach schaukelte sich eine wütende gegenseitige Beschimpfung zwischen einem Österreicher und einem Bayern auf. Da wollte ein Preuße den bayerischen Landsmann unterstützten und den Österreicher zurechtweisen. Doch der Bayer schob ihn zurück: »Des is a Streit unter Brüdern. Du bist a Preiß – du haltst di raus!«

Gleichgültig ob die Preußen vermitteln wollen oder den Konflikt erst anheizen – Verwirrung stiften sie immer. Es beginnt schon mit der Verwirrung der Begriffe. Irgendwie sind ja auch die Bayern Deutsche – zum Beispiel in ihrer Eigenschaft als Fußballweltmeister, gelegentlich als Wimbledon-Sieger oder nur als EG-Mitglied. Sie stellen sogar eine Hauptstadt der Bundesrepublik, wenn auch nur die heimliche. Die Bayern wissen jedenfalls genau, wann und wo sie Deutsche sind und wann und wo sich das eher nicht empfiehlt.

Dagegen wissen Millionen von Deutschen nicht einmal, dass sie in Bayern Preußen sind. Kaum aber kommen diese Deutschen, die keine Bayern, ja vielleicht nicht einmal Schwaben sind, über die Grenze nach Österreich, dann werden sie nicht mehr Preußen genannt, sondern Piefkes. Davon wissen sie meist noch weniger und das muss sie natürlich verwirren. Noch weniger Ahnung haben sie davon, woher der Name »Piefke« eigentlich kommt.

Als der Deutsche Kaiser Wilhelm II. vor dem Ersten Weltkrieg mit Pomp und Trara nach Wien zu seinem Verwandten, dem österreichischen Kaiser Franz Josef, zum großen Staatsbesuch angereist ist, da brachte er auch eine preußische Militärkapelle aus Berlin mit, die dann für das Volk in Wien Standkonzerte gab. Der Tambourmajor, der dort besonders zackig und eckig dirigierte, kommandierte und mit schneidender Stimme die Stücke ansagte, hieß Piefke. Dieser Herr Piefke selbst und sein Name hat auf die Wiener offenbar einen so unvergesslichen Eindruck preußischer Steifheit und Zackigkeit gemacht, dass sie fortan alle Preußen und schließlich alle Deutschen »Piefkes« nannten – was zunächst nur komisch, aber keineswegs beleidigend sein sollte. Erst nach und nach – vor allem nach den gemeinsamen Erfahrungen im Ersten Weltkrieg – wurde »Piefke« immer mehr auf negative, arrogante Verhaltensweisen bezogen und, wie im Bayerischen der »Saupreiß«, als Schimpfwort für überheblich auftretende Deutsche gebraucht. Eine Ausnahme davon bilden generell nur die Bay-

Berlins Militärkapellmeister Piefke ...

Zwischen Lindau und Bregenz kann die gerade erklärte Verwandlung sogar beim Schwimmen über den Bodensee passieren: Innerhalb kürzester Entfernung wird ein Preuße durch bloßen Grenzübergang zum Piefke. Das Schlimmste daran ist: Die meisten merken es nicht einmal!

Die Österreicher kennen sich natürlich auch nicht immer genau aus. Oft können sie nur schwer unterscheiden, wann ein Bayer auch Deutscher ist und wann nicht oder wie ein Deutscher zum Bayern werden kann. Dabei ist es im Grunde ganz einfach: Steht es gut um Deutschland, gehört Bayern dazu, geht es Deutschland nass in die Schuhe oder macht sich Deutschland durch typisch »saupreußisches« Fehlverhalten irgendwo unbeliebt, zum Beispiel in Österreich, dann sind Bayern nur noch Bayern und die Deutschen einfach »Saupreußen«.

ern und Schwaben – sofern sie sich nicht auch »piefkinesisch« benehmen.

Wenn nun ein Nord-, West- oder Ostdeutscher zum Beispiel in Simbach die Innbrücke betritt, ist er noch ein Preuße. Doch schon knapp hundert Meter weiter, wenn er jenseits der Brücke nach Braunau kommt, ist er schon ein Piefke. Und auf dem Rückweg ist es genau umgekehrt. Das ist wahrscheinlich auch der Grund, warum der Preußen-Tourismus im niederbayerischen Simbach nicht so richtig aufblüht.

Aber zwischen Passau und Schärding, Burghausen und Ach oder Kiefersfelden und Kufstein ist es nicht viel anders.

... hat die Wiener stark beeindruckt.

Es kann natürlich in Ausnahmefällen schon einmal vorkommen, dass sich auch ein Bayer in Österreich unangenehm aufführt, zum Beispiel wenn er besoffen ist und den Österreichern dann besonders lustige Österreicherwitze erzählt. Oder wenn er als Regierungsmitglied irgendwelche ebenso wüsten wie nicht realisierbaren Drohungen gegen Wegelagerermethoden der alpenländischen Nachbarn ausstößt. Dann wird er automatisch zum »Saupreußen« und fällt deshalb in Österreich mit unter die Kategorie »Piefke«. Er steht dabei freilich auch nicht mehr unter dem Schutz bayerischer Solidarität.

Aggressionen gegen Bayern nur wegen solcher bereits verpreußter Ex-Landsleute sind deshalb seitens der Österreicher völlig unangebracht, weil höchst ungerecht.

Eine schwierige Verwandtschaftsbeziehung

Aber es bleibt das Problem, dass das Verhältnis Deutschland–Bayern–Österreich ein hochkompliziertes und hochsensibles Dreiecksverhältnis ist, mit allen in solchen Beziehungen üblichen Missverständnissen und Eifersüchteleien. Schließlich sind viele Österreicher bajuwarischer Stammesherkunft – wie auch die meisten Bayern. Die meisten Deutschen hingegen – darunter auch bayerische Schwaben und Franken – sind überhaupt keine Bajuwaren. Wie soll da die Völkerverständigung klappen, ohne die hilfreichen Dolmetscherdienste der bajuwarischen Bayern?

Über das schwierige Verhältnis von Österreichern und Deutschen sind schon viele Bücher geschrieben, auch viele Symposien veranstaltet worden. Obwohl die meisten solcher Versöhnungsversuche auf Dauer fehlgeschlagen sind, hält die ehemalige Erbfeindschaft und spätere Erbfreundschaft unerschütterlich an – so lange, bis die nächste Verbrüderung wieder im Streit um das bessere Verständnis füreinander endet.

Wären das österreichische und das deutsche Volk noch alte Feinde wie 1866, dann hätten sie es heute viel leichter alle modernen Instrumentarien der Völkerverständigung auszuschöpfen um sich besser zu verstehen und überlieferte Vorurteile abzubauen.

Es würden gegenseitig Kulturinstitute eingerichtet, systematisch Jugendaustausch betrieben, in wohl vorbereiteten Studienreisen mit erfahrenen Fremdenführern das andere Land gründlich kennen gelernt und eventuelle Mischehe-Kandidaten von Psychologen besonders gründlich auf die Sitten und Gebräuche des Partners vorbereitet.

Vor allem würden Deutsche, Bayern und Österreicher sogar die Sprache der jeweils anderen richtig lernen.

Ein russischer Korrespondenten-Kollege in Wien, der in Moskau perfekt Deutsch gelernt hatte und in Wien oft kein Wort verstand, fragte mich einmal voller Zorn: »Hannes, kannst du mir eines erklären: Wenn die Österreicher schon so deutschfreundlich sind, warum lernen sie dann diese Sprache nicht?« Da konnte ich nur sagen: »Sei froh, dass du nicht in Bayern bist!«

Die tiefgreifendsten Missverständnisse zwischen Deutschen und Österreichern beruhen aber auf dem grundlegenden Irrtum, sie würden einander ganz genau kennen und alles verstehen, was der andere sagt. Hinzu kommt noch etwas, was auch unter Verwandten die Freundschaft so schwer macht: Beide Völker erwarten viel mehr voneinander als von fremden, nehmen sich deshalb auch jedes Fehlverhalten besonders übel und bestätigen so ihre Vorurteile immer wieder neu.

Das Schlimmste an vielen Vorurteilen, die Deutsche und Österreicher über einander haben, ist die Tatsache, dass sie in der Sache meist auch noch stimmen. Das Problem liegt nämlich mehr in der unterschiedlichen Wertung, bei der sich Bayern und Österreicher wieder näher stehen als Österreicher und Bayerns Preußen.

Wenn Österreicher zum Beispiel vorwurfsvoll sagen: »Die Deutschen wissen immer alles besser«, dann verstehen die Deutschen das als schlichte Tatsachenfeststellung. Sie begreifen jedoch nicht, warum die Österreicher ihnen Überheblichkeit unterstellen, nur weil sie einfach selbstverständlich alles besser wissen und alles, so wie sie es tun, auch für besser halten.

Wenn umgekehrt die Deutschen vorwurfsvoll sagen: »Die müssen natürlich wieder alles anders machen – typisch Österreicher«, dann finden wiederum die Österreicher diese Eigenheit ganz natürlich. Sie begreifen nicht, warum die Deutschen ihnen alles, was sie anders machen, als Extrawürste verübeln, nur weil sie nicht überall nach deutschem Muster arbeiten wollen.

Da können die Österreicher dann Trost und Rat bei den Bayern finden, die seit mindestens 100 Jahren dem Vorwurf sämtlicher preußischen Zentralisten von Schwarz bis Rot ausgesetzt sind, Sonderwege zu gehen, Extrawürste zu braten und separatistische Hintergedanken zu haben, ja sogar selbstständig zu denken statt gehorsam im deutschen Gleichschritt zu marschieren.

Politik und Sport oder: Tausend Gründe beleidigt zu sein

Die Österreicher möchten – wie die Bayern auch – gern von allen geliebt werden; sie sind aber – ganz im Gegensatz zu Altbayern und Schwaben – besonders harmoniebedürftig und deshalb

Wiens diplomatisches Parkett in wird für »Reichsdeitsche« gern eingeseift.

auch meist sehr viel kompromissbereiter. Sie hassen harte Konflikte, direkte Konfrontation und klare, nicht mehr interpretationsfähige Entscheidungen ebenso wie laute Polemik, zu der sie aber jederzeit fähig sind, wenn sie sich in der Mehrzahl befinden.

Ihr politisches Denken windet sich eher in unberechenbaren Spiralen auf eine Problemlösung zu, politische Aktionen werden wie beim Billard indirekt und mehrmals über die Bande auf überra-

schende Lösungen hingespielt, über einen unerwarteten Querstoß wird dann mitunter ein Politiker wie eine Billardkugel versenkt, der am wenigsten damit gerechnet hat. Konflikte ziehen sich oft endlos hin, werden aber mit leiser Vehemenz geduldig ausgetragen – wie Squash gegen eine Gummiwand. Österreicher stoßen einen Gegner selten vor den Kopf, sondern seifen ihm lieber das Parkett ein, damit er seinen Fall selbst inszenieren kann. Dies ist eine eigene, aus Mentalität und geschichtlicher Erfahrung erwachsene politische Kultur, die manche Nachteile, jedoch auch sehr viele Vorzüge hat. Aber sie ist sicher alles andere als deutsch. Aus deutscher Sicht ist die österreichische Politik deshalb nicht einfach anders, sondern gilt meist als schlicht falsch. Manchmal wird in Deutschland noch lange laut über die komischen Österreicher gelacht, da haben die schon eine Lösung ausgemauschelt, die viel besser ist als die deutsche.

Die Deutschen sind – ebenso pauschal gesagt – weitaus konfliktfreudiger und meist todunglücklich über notwendige Kompromisse. Sie wollen möglichst zu hundert Prozent Recht kriegen, aber trotzdem auch geliebt werden. Die Deutschen erwarten dabei Liebe als verdiente Anerkennung ihrer Leistungen und somit als verdammte Pflicht aller anderen zur Deutschfreundlichkeit.
Die deutsche Politik verläuft eher nach Art des Kegelscheibens: mit viel Wucht und stur geradlinig, so dass möglichst viel krachendes Holz fliegt und jeder Treffer dadurch laut zu hören ist.
Geliebt will man zwar von allen werden, aber besonders von der Verwandtschaft. Jedes Land darf bei einer Fußballweltmeisterschaft noch eher gegen Deutschland gewinnen als der kleine Nachbar Österreich. Dies wird von deutschen Fußballfans als persönliche Beleidigung aufgefasst wie die besonders abscheuliche Gemeinheit eines Verwandten oder alten Freundes – und deshalb sofort mit privatem Boykott gegen das Urlaubsland Österreich beantwortet.
Umgekehrt darf auch jedes andere Land eher ein Skirennen gewinnen oder gar die Disqualifikation österreichischer Skirennläufer(innen) beantragen als ausgerechnet die deutschen i-Tüpferl-Reiter. Solche Dolchstöße etwa gegen regelwidrig gekleidete Nummern-Girls des österreichischen Skiverbandes muss dann vermutlich die deutsche Autoindustrie wieder büßen.
So hat jedes der beiden Länder eben Sportarten, darunter auch politische und kulturelle, in denen man zur Hysterie neigt, und andere, die einem Wurscht sind. Und wenn einem dann gerade da zu allem Überfluss auch noch die deutschsprachige Verwandtschaft in den Rücken fällt, dann nimmt man es der von der einen wie von der anderen Seite viel übler als Fremden, von denen man ohnehin keine Rücksicht erwarten konnte.

Kein Recht auf Anderssein

Vergleichbar fixe Vorstellungen und Vorurteile gibt es natürlich auf mehreren Gebieten. Allein die Art zu sprechen enthält schon ein institutionalisiertes Missverständnis. Die Österreicher reden im Allgemeinen langsamer, umständlicher und mit breit hingezogener Aussprache – es is a Waaahnsinn! Auch wenn sie rein grammatikalisch – mit einigen österreichischen Besonderheiten und einem Rest an eigenem Wortschatz – Hochdeutsch sprechen, erkennt man sie wie Bayern oder Schwaben schon an der Sprachfärbung, zum Beispiel bei einem Vortrag über »Eiropa heite«. Die Klangfärbung – etwa das helle »a« wie bei bayerisch »Baaz«, wenn ein Oppositionspolitiker »a andere Antwort« fordert – wird von Deutschen jedoch bereits als Dialekt gewertet. Weshalb dann die Aussage oft nicht ernst genommen wird, sondern nur folkloristischen Wert hat und von Haus aus als komisch angesehen wird: »Typisch Kamerad Schnürschuh!«

Die schnelle, oft aufreizend präzise und darum scharf wirkende Aussprache der Norddeutschen klingt umgekehrt für österreichische Ohren so aggressiv, dass sie sich schon kritisiert, angeschnauzt oder von oben herab behandelt fühlen, noch bevor sie den Inhalt der Worte überhaupt wahrgenommen haben. Da muss dann der im Hinnehmen von solchen Anschnauzern meist erfahrenere Bayer oft beruhigend dolmetschen: »Denk dir nix, Ösi-Bua, de reden immer so, meinen es aber gar nicht so!«

Wenn dann auch noch der Wortschatz differiert oder im anderen Land gar bekannte Worte eine unbekannte Bedeutung haben, dann kommt leicht der Verdacht auf, man wolle einen gar nicht verstehen oder gar »verarschen«, und reagiert böse. Da die Worte eines Norddeutschen auch meist vom Hinterkopf her direkt und ohne viele Gehirnwindungen in gerader Linie aufs Ziel gerichtet den Mund verlassen, fühlt sich der Österreicher wie der Bayer leicht überrumpelt.

Wie im Familienleben, so gilt auch im Zusammenleben von Völkern offenbar, dass es die Verwandtschaft eigentlich nie recht machen kann. Schon gar nicht, wenn sie in ihrem Verhalten von den Schablonen abweicht, die des anderen Vorurteile ausmachen. Ein Deutscher zum Beispiel, der sich nicht mit vorschnellem Urteil, zackigem Auftreten und arroganter Rechthaberei wie ein typischer Piefke verhält, macht es einem Österreicher viel schwerer, erprobte Reaktionsweisen – wie net amal ignoriern, dunsten lassen, auf d' Saaf steign lassen und so weiter – überhaupt anzuwenden. Ein untypischer Piefke zwingt zum Nachdenken, zum Differenzieren und zu mühsamer individueller Auseinandersetzung.

Die Deutschen wiederum spotten zwar über den allgegenwärtigen Austria-Tourismus, aber sie nehmen es einem Österreicher dafür auch leicht übel, wenn er nicht vom Fremdenverkehr abhängig ist, etwas von Technik versteht oder gar ohne deutsche Mitwirkung wirtschaftlichen Erfolg hat.

Zahlreiche gegenseitige Landbesetzungen im Laufe der Geschichte sowie zwei mehr oder weniger freiwillig miteinander gegen den Rest der Welt geführte und gemeinsam verlorene Kriege haben Deutsche wie Österreicher – auch dank der bereitwilligen gegenseitigen Schuldzuweisungen – viele tatsächliche Schwächen des anderen erfahren lassen. Am besten sind die prinzipiell befreundeten, aber aufeinander eifersüchtigen Nachbarn deshalb stets ausgekommen, wenn sie durch klare, aber durchlässige staatliche Grenzen voneinander getrennt waren. Was noch fehlt, wäre nur die gegenseitige Anerkennung des Rechts auf Anderssein.

Bayern und Österreicher kennen sich zu gut um sich zu verstehen

Die nun langsam zunehmenden Entdeckungsreisen von Österreichern in die nordwestliche Nachbarschaft erfordern natürlich seitens der bayerischen Gastgeber eine gründliche Vorbereitung. Einem Österreicher muss man schließlich Bayern ganz anders erklären als einem Hamburger, der sowieso keinen sprachlichen Unterschied zwischen den beiden Ländern kennt. Erst recht anders als einem Amerikaner oder Japa-

ner, für den Heidelberg und Oberammergau, Salzburg und Bayreuth, das Hofbräuhaus und der Stephansdom sowieso alle im schönen Land Tirol liegen. Österreicher müssen qualifizierter und detaillierter über Land und Leute in Bayern aufgeklärt werden, vor allem aber so, dass sie in ihrer austrozentrischen Art alles mit Österreich vergleichen können.

Aufgrund neuer Trends im Urlaubsverhalten der Österreicher ist Bayerns Fremdenverkehr gezwungen sich stärker auf Reisegruppen aus dem Nachbarland einzustellen. Es müssen Reiseführer für Österreicher ausgebildet oder gedruckt werden. Es müssen Tonband- und Videokassetten neu besprochen und Einführungsvorträge für die bevorstehenden Austro-Expeditionen durch Bayern abgehalten werden.

Bayern freuen sich immer, wenn auch einmal Österreicher zu einem seltenen Gegenbesuch kommen: natürlich in friedlicher Absicht und mit glücklicher Heimkehr, nicht um gleich einzuheiraten und dazubleiben! Wenn es denn wirklich sein muss, dann trifft es uns auch nicht so hart wie bei den Preußen, weil sich Österreicher bekanntlich leichter einfügen und anpassen und nicht permanent versuchen uns Bayern umzuerziehen – oder es sich zumindest nicht so leicht anmerken lassen.

Auch Sprachprobleme haben Österreicher hier weniger. Bayern ist – ähnlich wie Österreich – im weitesten Sinne deutschsprachig, wenn auch mit vielen Abweichungen. Bayern ist nur nicht ganz so deutschfreundlich wie Österreich, vor allem, weil es sich mangels staatlicher Souveränität gegen die Liebe der deutschen Landsleute weniger wehren kann. Aber Ministerpräsident Strauß hat ja einst schon letztinstanzlich festgestellt, dass die Österreicher »aus einem ähnlichen Hygienekreis« kommen wie die Bayern.

Trotzdem kommen viele dramatisch zugespitzten Konflikte im bayerisch-österreichischen Spannungsgebiet nur von Missverständnissen: weil sich halt beide Seiten viel zu gut kennen, als dass sie viel voneinander wüssten. Und wenn dann eine Seite nur eine gut gemeinte Einladung an die alpenländischen Brüder ausspricht – zum Beispiel: »Ihr werds uns schon noch kennen lernen, ihr Brüder!« –, dann wird das leicht von der anderen Seite bös aufgefasst und vorbeugend verbal zurückgeschossen.

Bayern gehört zwar zu den Ländern, die im österreichischen Schulunterricht im Fach »Eh-schon-wissen« durchgenommen werden – mit mindestens drei bis fünf Sätzen. Aber trotzdem reicht das für so ein großes Land natürlich hinten und vorne nicht.

Die Bayern dagegen nehmen die Österreicher bei jeder Gelegenheit durch. Darum wissen Bayern auch über die Österreicher praktisch alles, darunter manches, wovon diese selbst noch gar keine Ahnung haben.

Österreich – ein Vielvölkerstaat wie Bayern

Bayern ist, wie schon festgestellt, ähnlich wie Österreich, Indien oder die ehemalige Sowjetunion ein Vielvölkerstaat und hat deshalb auch viele Nationalitätenprobleme. Für die Preußen dürfte es daher am besten sein, man erklärt ihnen die Völker Bayerns und Österreichs im direkten Vergleich.

Fangen wir mit dem Einfachsten an: Der Unterschied zwischen Oberbayern und Niederbayern ist ähnlich leicht zu begreifen wie der zwischen Ober- und Niederösterreichern und das Gefälle verläuft ebenfalls von West nach Ost. Da braucht man dann gar nicht mehr zu erklären, was für unsere Preußen immer so schwierig ist. Die meinen ja meistens, dass Bayern bis zu 1,72 Meter Körpergröße Niederbayern sind und ab 1,73 Meter aufwärts Oberbayern und dass sich dies daher zwischen Ober- und Niederösterreichern ebenso verhält.

Genauso falsch wäre freilich die Annahme, dass ein Niederbayer oder -österreicher durch Fleiß und gute Führung zum Oberbayern beziehungsweise Oberösterreicher befördert werden könnten. Das wäre ohnehin so ungefähr das Schlimmste, was man einem Niederen antun könnte.

Die Niederbayern als die noch unverbildetsten Altbayern haben einen mehr landwirtschaftlichen Charakter. Ihre

Altbayerischer Quadratschädel

bei den Schädeln überwiegt eindeutig der Vierkant-Stil in Massivbauweise.

Von den Oberösterreichern kann man die Niederbayern kaum unterscheiden. Im Gegensatz zu Österreich wird aber in Niederbayern schon seit Jahrhunderten an der Donau so gut wie kein Wein mehr angebaut. Wahrscheinlich mit Rücksicht auf die Niederösterreicher. Außerdem bräuchte man für den unseren mehr Glykol, damit er nicht bloß für Salat taugt.

Oberbayern, Tiroler und Münchner: wieder eine schwierige Dreiecksbeziehung

Die Oberbayern sind in sich gespalten: die nördlich und östlich von München lebenden sind noch ziemlich unverfälscht, auch »hagelbuchen« oder »gschert« genannt, und unterscheiden sich kaum von den Niederbayern; die südlich und westlich von München beheimateten sind vorwiegend alpenländisch-touristisch geprägt und auch durchwegs folkloristisch gestimmt. In der Volksmusik zum Beispiel haben sie auch das Salzburger Adventsingen schon ganzjährig eingeführt: die Hände am Hintern gefaltet und die Augen verklärt zum Himmel verdreht.

Man muss aber jetzt auch hier wieder genau differenzieren: Zum Beispiel kann man die Oberbayern aus dem Chiemgau und dem Rupertigau nur

traditionelle Stärke ist Ackerbau und Viehzucht, weshalb auch Diätfanatiker und Vegetarier bei ihnen eher als volkswirtschaftliche Schädlinge gelten.

Politisch gesehen sind sie wie alle Altbayern fromm und geduldig wie die Ochsen, aber wenn sie zu sehr eingespannt und für Melkkühe gehalten werden, können sie zu unbändig zornigen Stieren werden – notfalls sogar anarchisch und antiklerikal. Wegen dieser zwei Seelen in ihrer Brust sagt man den Niederbayern auch nach, dass sie in einer Hosentasche den Rosenkranz und in der anderen ein fest stehendes Messer haben. Die Reihenfolge der Benutzung ist aber offen. Bei den Höfen wie schwer von den Salzburgern unterscheiden. Die Trachten kennt nur ein studierter Heimatpfleger auseinander. Man muss auch schon mindestens ein promovierter Historiker sein, dass man noch rekonstruieren kann, zu welchen Zeiten Salzburg bayerisch war und wie lange umgekehrt der Rupertigau und der Chiemgau (bis nach Altötting) salzburgisch gewesen sind.

Ähnlich ist es mit den südwestlichen Oberbayern – das sind die Inntaler und die Isartaler, die Wendelsteiner, Werdenfelser und Ammergauer. Diese kommen in ihrer Art eher den Tirolern am nächsten – und solange sie sich mit denen verwaltungsmäßig nicht zu nahe kommen, vertragen sie sich bestens mit ihnen. In ihrer Abneigung gegen die Münchner und die Wiener wetteifern die Oberbayern und die Tiroler ohnehin mit einem unerschöpflichen Vorrat an schlimmen Beispielen über deren jeweiliges Benehmen.

Die Münchner halten sich für die Krone der bayerischen Schöpfung – ähnlich wie die Wiener für die der österreichischen – und gelten deshalb mehr als eigene Rasse.

Die Münchner sind in Bayern auch ähnlich beliebt – oft sogar bis etwa 20 Kilometer über die Stadtgrenze hinaus. Manchmal fühlen sie sich aber auch unverstanden, zum Beispiel wenn sie für arrogant gehalten werden, obwohl sie sich eher volkstümlich zu den Provinzlern herabgelassen haben.

Der schlechte Ruf der Münchner im übrigen bayerischen Land kommt aber manchmal auch daher – zumindest wird er von den Münchner immer gern so erklärt –, dass die meisten Münchner sowieso nur importierte geschniegelte Trachtenpreußen oder zu Pseudo-Münchnern umfunktionierte zugezogene Schickimickis sind.

Echte Münchner, deren Großeltern schon in der bayerischen Landeshauptstadt geboren wurden, sind heute längst von zugewanderten Preußen majorisiert und gelten als radikale Minderheit von Eingeborenen. Was echt münchnerisch ist, darf aber trotzdem nicht aussterben und wird vor allem von preußischen Journalisten gepflegt, die es den letzten geborenen Münchnern immer wieder zeigen, wo es im Brauchtum echt bayerisch langgeht: als gut verkäufliches original-traditionelles Flair der neuen deutschen Mode-, Miezen- und Medien-Metropole und als folkloristisches Accessoire zur High-Tech-Industrie. Zur neueren Brauchtumspflege gehört auch mindestens einmal im Jahr ein Zeitungsstreit zwischen den Preußen in München und Hamburg darüber, ob München nun eine heimliche oder eher unheimliche Hauptstadt ist.

Die alpenländischen Oberbayern sind wie die Salzburger und Tiroler vorwiegend damit beschäftigt, teils gemeinsam, teils im Wettbewerb den wichtigsten Rohstoff der alpenländischen Fremdenverkehrs-Industrie auszubeuten: Das sind vor allem die deutschen Nahpreußen, aber auch Japaner, Belgier, Holländer, Amerikaner und andere Fernpreußen.

Ihre Freizeit verbringen die getrennten Brüder im Alpenglühn an vielen Wochenenden damit, sich gegenseitig in Gebirgsschützen-Uniform zu besuchen. Da schwärmen sie dann bei Festzügen mit Blasmusik, bei Wein, Weib, Speck und Böllerschüssen von den schönen alten Zeiten, wo sie immer wieder einmal gegen ihren Willen vereinigt wurden und dann bei gegenseitigen Bauernaufständen scharf aufeinander schießen haben dürfen, bis sie wieder getrennt waren und sich dadurch allein schon sympathisch wurden.

Während sie unablässig mit Alpenerschließungen, Trachtenzügen und Prozessionen sowie Jodeln und Schuhplatteln bei Heimatabenden beschäftigt waren, haben die meisten Oberbayern übersehen, dass ihnen die schönsten Täler und Seen schon längst nicht mehr gehören. In weiten Teilen des alpenländischen Österreichs ist es ähnlich, nur mit dem Unterschied, dass dort wegen der schwierigeren Gesetzeslage noch Strohmänner im Nebenerwerb eingeschaltet werden müssen. Überall dort wurden die besten Grundstücke von Nord- und Westgermanen aufgekauft, verbaut und als Alterssitz besiedelt. Zum Beispiel ist es nicht ratsam, im Tegernseer Tal oder am Starnberger See noch Bayerisch zu sprechen, weil man sonst sofort für Dienstleistungspersonal gehalten wird.

Da Bayern heute nur noch ein deutsches Bundesland ist, kann der Ausverkauf der Heimat hier – im Gegensatz zu Österreich – noch ohne ein »Ausländer-Grunderwerbs-Gesetz« erfolgen. Deshalb ist auch der im alpenländischen Österreich so verbreitete Beruf des Strohmannes in Bayern völlig überflüssig und fast unbekannt, allenfalls noch bei der Verpachtung von Jagdrevieren gebräuchlich.

Kärntner und Steirer, Oberpfälzer und Franken

Bayerns Oberpfalz könnte man halbwegs mit der Steiermark in Österreich vergleichen, wenn man einmal davon absieht, dass die Südsteiermark mehr und besseren Wein produziert als ein paar Hobbywinzer an der Donau.

Die Oberpfälzer haben erstens mit Regensburg auch eine stattliche und angesehene historische Hauptstadt wie die Steirer mit Graz. Sie sind zweitens auch lange Zeit Grenzland gewesen und haben sich von München ständig so benachteiligt gefühlt wie die Steirer von Wien; und die Oberpfälzer fühlen sich auch in München ungefähr so wohl wie die Steirer in Wien. Das heißt: Sie haben zwar keinen Semmering zum

Verschanzen, aber wenn sie nicht beruflich in der Hauptstadt-Diaspora leben müssen, sehen sie wenigstens zu, dass sie noch vor Einbruch der Dunkelheit wieder über der Donau drüben sind.

Auch sprachlich sind die Oberpfälzer mit den Steirern eng verwandt. Ein »Schusterbub« zum Beispiel ist dort auch ein »Schousterbou«. Und wenn man sie zum Bellen bringen will, braucht man nur durch das Dorf schreien: »Freibier gibt's!« Dann kommen alle aus den Häusern und bellen fragend: »Wou? Wou? Wou?«

Leider hat Bayern keine Kärntner, was uns in der Deutschfreundlichkeit weit zurückwirft. Und was noch bedauerlicher ist: Bayern hat daher auch keine Kärntnerinnen. Aber deren angeblichen Sprachfehler, nämlich nicht nein sagen zu können, haben in Bayern auch auch andere Volksstämme.

Als Ausgleich für die fehlenden Kärntner haben wir in Bayern jede Menge Franken. Die sind ähnlich deutschfreundlich und fühlen sich ständig von ihren südlichen Nachbarvölkern umzingelt und bedroht. Einen fränkischen Volksaufstand oder Abwehrkampf hat es aber gottlob noch nicht gegeben wie in Kärnten, weil die Franken noch nie daran gehindert wurden, Bayern zu regieren. Wenn der Münchner Erzbischof einmal ausnahmsweise kein Franke ist, steht ihnen mindestens der ebenso bedeutende Stuhl eines Rundfunkintendanten zu.

Unter Bayerns Fränkinnen gibt es zwar auch welche, die nein sagen können – das gilt aber nicht, wenn es ums Kochen und Backen geht. Als Köchinnen sind die fränkischen Frauen nicht nur besonders anstellig und willig, sondern sogar sehr tüchtig und erfolgreich offensiv – beim Männermord mit Messer und Gabel.

Bayerische und österreichische Ost-West-Konflikte

Das Verhältnis von Nordbayern und Südbayern ist insgesamt ähnlich herzlich gemischt wie zwischen West- und Ostösterreichern. Das Volk der Franken im Freistaat Bayern ist so groß, dass man es dreiteilen hat müssen: Dadurch gibt es nicht nur Ober- und Unter-, sondern auch noch Mittelfranken, die aber am meisten jammern, dass sie zu wenig Mittel haben.

Dagegen hat die Alpenrepublik nicht einmal Mittelkärntner oder Mitteltiroler, geschweige denn Mittelösterreicher, höchstens mittelmäßige und allenfalls mittellose Burgenländer. Wenn man die Bayern jedoch fragt: »Wo habt ihr eure Burgenländer?«, dann müssen sie zugeben: Nein, so ein schönes Reservat mit einem flachen Nichtschwimmer-See in der Mitte und Weinstöcken zum Festhalten drum herum gibt es im Freistaat nicht. Wahrscheinlich hatte Bayern früher auch einmal einen ganzen Volksstamm von Burgenländern, aber die sind auf der Suche nach einem größeren und flacheren See bis nach Ostfriesland ausgewandert. Einen Neusiedler See, der zwar zum Wasserskifahren nicht steil genug ist, aber sich als einziger auch zum Tauchsport für Nichtschwimmer eignet, hat Bayern eben leider nicht zu bieten.

Bayern besitzt dafür jedoch auch eine recht stattliche Anzahl von Alemannen: Die haben einen eigenen Regierungsbezirk und sind auch ein eigenes Volk wie Österreichs Vorarlberger, heißen aber Schwaben und wollen keine Schweizer werden. Eine so lange und leicht zu schließende Verbindung wie den Arlbergtunnel gibt es zwischen Bayern und Schwaben nicht, vor allem, weil Gott sie auch nie mit einem durchgehenden Bergrücken vorsorglich getrennt hat.

Die völkische Eigenart der bayerischen Schwaben wird von allen anderen Landesteilen anerkannt – was meist in dem Ausruf gipfelt: »Mein Gott, ist das ein Volk!«

Bayerisch-österreichische Typologie

Obwohl Bayern und Österreicher stammesmäßig enger miteinander verwandt sind als Bayern und andere Deutsche, können sie sich wie fast alle Verwandten nicht immer sonderlich riechen und heucheln sich dann, wenn sie gerade nicht streiten, die herzlichste Verbundenheit vor – wie die Verwandtschaft meistens. Aber sie erkennen sich gegenseitig auch meist in Sekundenschnelle und das schon auf hundert Meter gegen den Wind, erst recht an der Aussprache, wenn der jeweils andere nur einen Satz gesagt hat.

Für Bayerns Preußen und Österreichs Piefkes muss man aber doch an ein paar Beispielen die wichtigsten Prototypen wenigstens im Prinzip näher beschreiben um ihnen auch ohne Sprachkenntnisse das Erkennen und Unterscheiden zu erleichtern. Die zahlreichen Mischformen verwechseln sie dann sowieso, was nicht zu vermeiden ist.

Der Wiener

Obwohl an sich auch ein Österreicher, wird der Wiener mit Recht in seinem Land als eigene Rasse eingestuft. Das Erbgut der Kelten, Römer und Bajuwaren wurde im Laufe der Zeit durch wesentliche Beiträge der Tschechen, Slowaken, Ungarn, Slowenen und Kroaten ähnlich angereichert wie die berühmte Wiener Küche. Vom Körperbau her hat der Wiener zwar keinen goldenen Schnitt, aber er macht ihn gern im Geschäftsleben. Den Charme trägt er mitten im Gesicht, den Schmäh faustdick hinter den Ohren. Der schmalbrüstige Oberkörper genügt dem Wiener völlig, denn sein gutes Herz hat er längst ver-

Alpenländische Züchtung: Hände zum Gepäcktragen und fürs Trinkgeldnehmen

strömt. Die unnachahmliche Eleganz seiner Wendigkeit verbirgt der Nobel-Wiener gern im Frack, der ihm einen Hauch von vornehmer Steifheit verleiht. Aber auch im Netzhemd versteht er es, die Frauen stark zu beeindrucken.

Der Wiener lebt gern auf großem Fuß, vor allem damit er nicht so leicht selber ausrutscht, wenn er Gegnern das Haxl stellt oder Freunde auf die Seife steigen lässt – um einige besonders in der Politik beliebte Wiener Hobbys zu nennen.

Der Alpen-Österreicher

Der hochalpine Typ des Österreichers hat einen in sich ausgewogenen Wuchs und kommt der Idealform eines Bayern schon ziemlich nahe. Das macht ihn lustig und froh, außer wenn er gerade grantig ist. Das anstrengende Leben zwischen lauter Dreitausendern, das ständige Pendeln zwischen Fels und Eis, zwischen Heimatliebe und Fremdenverkehr, zwischen Kraxeln im Sommer und Schnackseln im Winter hat den Tirolern, Kärntnern und Steirern die letzte Vollendung männlicher Rundungen versagt. Um die von der Natur bei der Arm- und Beinmuskulatur etwas benachteiligten Wiener auch in deren Schnorrer-Urlaub billig ernähren zu können braucht der Alpen-Österreicher eine unheimliche Kraft und Zähigkeit.

Bei den im Fremdenverkehr tätigen Älplern aller Nationen ist die rechte Hand oft länger (vom Koffertragen) und die linke Hand meist stärker (vom Trinkgeldhalten). Auch an Hartnäckigkeit und Dickköpfigkeit steht der Österreicher den Bayern nicht nach. Und wie der Bayer trägt er außer in der Kirche und in der Sauna fast immer einen Trachtenhut und dies aus natürlicher Schamhaftigkeit sogar dann, wenn er so auftritt, wie Gott ihn geschaffen hat, weil er den Hut dann notfalls tief ins Gesicht ziehen kann, denn unten kennt einen sowieso niemand.

Der Bayer

Wie die Kugel das Symbol der Vollendung darstellt, so kann man auch den Bayern zumindest unter den Männern meist ohne Übertreibung als die Krone der Schöpfung bezeichnen. Sein mächtiger, gedrungener Körperbau verrät die geballte Kraft, die in ihm ruht und auf passende Herausforderungen wartet. Die zahllosen harmonischen Rundungen seiner Figur verraten seine barocke Fleischeslust und geben ihm eine unbändige erotische Ausstrahlung. Allein um die unablässig ins Land strömenden Preußinnen anzuheizen, aufzuheiraten oder auf ähnliche Weise zu absorbieren braucht er unendlich viel Geduld und Stärke. Die liebenswürdige Herzlichkeit im Umgang mit Fremden ist ihm schon ins Gesicht geschrieben.

Am zweitbesten steht ihm dann wie dem Österreicher der Trachtenhut. Der schützt seine großen Vorräte an eisern gespartem Hirnschmalz und wirft ein wenig kühlenden Schatten auf sein sonst allzeit sonniges Antlitz.

Mit sich und seiner Welt ist der Bayer rundum zufrieden, nur wenn man ihn stört, wird er kantig, so dass man sich leicht an ihm einen Schiefer einziehen kann. Ob er sich jedoch misstrauisch zurückhält oder vorbeugend aggressiv ist, er wird leider meist missverstanden, worunter gerade bayerische Politiker in den preußischen Medien besonders gern zu leiden haben.

Wenn aus der Liebe Ehe wird ...

Die preußisch-bayerische Mischehe als Modellfall für richtige Ausländer-Integration

Ein bayerisches Mädchen schleicht ängstlich und voller schlechtem Gewissen zu ihrem Vater und sagt: »Papa, i muaß dir was beichten.« Der Vater schaut sie misstrauisch an und fragt: »So, was hast denn angstellt? Geht's um dein' Freund, den wost du dir net mitbringa traust?« Die Tochter sinkt noch mehr zusammen und gesteht: »Ja, Papa. Mei' Freund is a Neger!« Erleichtert atmet der Bayer durch: »Gott sei Dank! Da wiss' ma wenigstens gwiss, dass' koa Preiß is!«

Das ist allerdings eher die Ausnahme, denn in weitaus mehr Fällen haben sich bayerische Burschen in ein preußisches Mädchen und bayerische Mädchen in einen preußischen Mann verliebt und nicht in einen Farbigen oder sonst einen echten Ausländer.

Aber auch mit diesem Schicksal, wenn es denn in den Stand der Ehe führte, mussten sie fertig werden. Sie waren sich oft nicht bewusst, wie viele Sprach- und Mentalitätsprobleme auf sie zukommen und vor allem wie viele unschuldige Mischlingskinder, die es als »Halbblut« nicht leicht haben, sich zu entscheiden, nach welcher Art sie schlagen und wo sie ihre Heimat finden.

Besonders hart ist es natürlich für jene Minderheit von Bayern, die in irgendein Preußenland ziehen und dort möglichst unauffällig überleben müssen. Aber die meisten haben dort genau das getan, was für deutsche Ausländer seit Jahrhunderten selbstverständlich war: die Sprache des Gastlandes gelernt – in unserem Fall der Bayern im Preußenland, erst einmal Hochdeutsch zu sprechen und dann den Regionaldialekt zu verstehen und ihn wenigstens als leicht eingefärbtes Hochdeutsch mitzusprechen. Und ansonsten haben sie sich den Sitten und Gebräuchen, den religiösen Gepflogenheiten oder den Flausen und der regionalen Küche samt den Essgewohnheiten halbwegs angepasst – jedenfalls ohne die Forderung: »Was ist denn hier los? Ihr macht ja alles falsch! Das muss sofort alles völlig anders werden hier.«

Bayerisch-preußisches Mischlingskind

Ein Problem: preußische Ghettobildung in Bayern

Ähnlich wie die Bayern in aller Welt haben sich viele der nach Bayern eingewanderten oder eingeheirateten Preußen im Land eingefügt und den Leuten angepasst. Sie wurden in Bayern erst misstrauisch beobachtet, dann allmählich geduldet und schließlich integriert: das heißt entweder erst noch aufgeheiratet oder allmählich in der bayerischen Gesellschaft akzeptiert – freilich je nachdem, welchen Beruf und welchen Partner sie hatten. Wer schon mit einem unsympathischen Bayern oder einer bayerischen »Bissgurrn« zusammenlebte, hatte es natürlich selbst bei der Integration schwerer.

Wirklich schlimm wurde es allerdings nur dort, wo sich Ghettos bildeten, weil die Preußen massiert auftraten. Dies passierte vor allem an Orten, an denen sich große deutsche Firmen gründeten und expandierten, sich ansiedelten oder mit bayerischen fusionierten wie zum Beispiel Siemens in München oder Messerschmitt-Bölkow-Blohm (heute Aerospace) in Ottobrunn. Dort konzentrierten sich in sehr kurzer Zeit sehr viele Preußen in solcher Dichte, dass man sie kaum mehr integrieren, geschweige denn aufheiraten konnte. In diesen und ähnlichen Gegenden war es dann so, dass sich bayerische Kinder in Bayern nicht mehr trauten Bayerisch zu sprechen, weil sie sich wie unterdrückte Minderheiten von übrig gebliebenen Eingeborenen vorkamen, und dass preußische Eltern in den bayerischen Schulen sofort Hamburger, hessische oder nordrhein-westfälische Verhältnisse forderten, nämlich bessere Noten ohne bessere Leistungen und ein leichtes Abitur für alle.

Vergleichbares ist in keinem anderen Land der Bundesrepublik Deutschland passiert, weil der Drang der Bayern nach Norden, Westen oder Osten nie so stark war wie der aller anderen nach Süden und weil selbst die Bayern, die anderswo hinzogen, immer als Einzelpersonen auftraten und nie in größerer Zahl. Es gibt insgesamt auch viele Bayern in Köln, Frankfurt, Hamburg oder Berlin, aber die sind dort angepasst und spielen sich nicht als bayerische Volksgruppe auf: weder als sendungsbewusste Missionare noch als eingebildete Entwicklungshelfer, die etwa den Berlinern oder Hamburgern bayerische Verhältnisse abverlangen und den alten Protestruf »So wat jibt et nur in Bajan« dort umdrehen würden.

In Deutschland wird von einigen politischen Parteien seit Jahren die Einführung einer generellen doppelten Staatsbürgerschaft für Ausländer gefordert, die nicht nur als besonders begründete Ausnahme gewährt wird, sondern allen, die ansonsten die Voraussetzungen für die Einbürgerung erfüllen. Die bayerische Regierung wehrt sich mit allem Nachdruck und mit Recht dagegen. Schließlich wurde von bayerischen Patrioten sowohl vor als auch nach dem Zweiten Weltkrieg die Einführung einer bayerischen Staatsbürgerschaft gefordert um vor allem den Zuzug von Preußen eindämmen und deren Einbürgerung von der Erfüllung einiger Voraussetzungen abhängig zu machen beziehungsweise auch Abschiebungen nach Norden oder Westen zu ermöglichen.

Dies war nach Bundesrecht leider nicht durchsetzbar, wurde daher auch nicht

mit allem Ernst verfolgt. Aber jetzt kann Bayern sich zum einen als Modell für erfolgreiche Integrationspolitik präsentieren und notfalls der ungehemmten Einbürgerung von Ausländern samt unübersehbarem Familien-Nachzug doch noch mit der bayerischen Staatsangehörigkeit einen Riegel vorschieben.

Zur Integration aller Fremden im Gastland gehört neben dem Erlernen der Sprache eben auch das Anpassen an die Sitten und Gebräuche und im Falle des Einbürgerns und Einheiratens auch eine mühsame gegenseitige Erziehung, bei der sich die unterschiedlichen Partner immer wieder entfremden und dann wieder annähern, verkrachen und dann wieder versöhnen. Bayern und Preußen können dafür wegen gut 150 Jahren Erfahrung als Modell dienen, denn sie wissen, dass bei der Völkervermischung das Mischen an sich am schönsten ist und viel Zeit braucht. Sie erziehen sich aber auch gegenseitig, vor allem dann, wenn sie es gar nicht beabsichtigen und es doch wie einander abschleifende Mühlsteine ständig tun.

Mischehen leben von der gegenseitigen Erziehung der Partner

Die Erziehung des Preußen ist schwer. Nicht, weil er von Haus aus zu den schwer Erziehbaren gehörte, sondern vor allem, weil die Erziehung so erfolgen muss, dass er es nicht bemerkt. Da er sich nach seinem Rollenverständnis dazu berufen und verdammt fühlt, die Bayern zu besseren Menschen zu machen, würde ihn schon der leiseste Verdacht, dass er selber erzogen werden soll, zutiefst in seinem Selbstbewusstsein treffen und psychisch verwirren.

Der Bayer dagegen ist die Erziehungsversuche der Preußen erstens schon gewohnt und zweitens dagegen abgehärtet. Drittens hält er sich bereits für einen so guten Menschen, dass er mit Recht von seiner Unverbesserlichkeit überzeugt sein kann.

Somit ist also der Preuße der aktive Erzieher des Bayern, wogegen der Bayer durch unterschiedlich dosierten Widerstand – mal nachgiebig, mal trotzig – passive Erziehungsarbeit am Preußen und damit einen Beitrag zu dessen langfristig erfolgreicher Integration in Bayern leistet. Die Reaktionen des Bayern auf preußische Beeinflussung wirken auf den Erzieher als Erfolgs- oder Misserfolgserlebnisse zurück wie Lob und Tadel.

Die Erziehungsversuche der Preußen am Bayern sind wegen der Untauglichkeit des Objektes meist zum Scheitern verurteilt. Sie sind immerhin gut gemeint, aber nur selten gut. Zum Glück sind sie aber nur ganz selten notwendig, schon gar nicht, wenn der Bayer in die preußische Diaspora geheiratet hat, weil er sich dort in angeborener Bescheidenheit ohnehin von alleine den Sitten und Gebräuchen des Gastlandes anpasst – sofern es halt dort überhaupt Sitten gibt – und nicht wie im umgekehrten Fall alles kritisiert und sofort nach seiner Fasson ummodeln will.

Erziehung mit Liebe

Darum muss im Gegenzug die Erziehung des Preußen mit Liebe erfolgen – ein bewährtes pädagogisches Mittel, das vorwiegend in den schon seit 100 Jahren angebandelten, inzwischen zahlreichen Mischehen und in ähnlichen erotisch geprägten Verhältnissen oder zwischenmenschlichen Beziehungskisten eingesetzt wird. Die wichtigsten pädagogischen Ziele bei der individuellen Erziehung der Preußen lauten:

1. Bayern erziehen ihre Preußen so, dass diese ihren Führungsaufgaben in der bayerischen Ehe, Wirtschaft oder Verwaltung in Milde nachkommen, ohne dabei gleich überall anzuecken oder völlig zu verzweifeln.

2. Sie bestätigen das Bewusstsein der Überlegenheit bei den Preußen, damit ihnen diese – voll Mitleid und Hilfsbereitschaft für die dummen Bayern – viel Arbeit abnehmen.

3. Sie stärken den Leistungswillen der Preußen durch Lob und scheinheilige Bewunderung, damit diese auch

Starke bayerische Frauen überleben auch die Heirat in ein Preußenland.

noch ihre letzten Kräfte und Mittel zum Unterhalt der Bayern einsetzen.

4. Sie lassen die Preußen immer ein wenig nach voller Anerkennung zappeln, damit ihnen das Zusammenle-

ben mit Bayern stets als Auszeichnung und große Ehre erscheint.

5. Als Höhepunkt seines Einsatzes für Bayern oder für die Wahlkämpfe der CSU – was nahezu das Gleiche ist –

»Gega d'Emanzipation von a Preußin hamma nix, bloß gegan Ungehorsam«

womöglich sogar noch den Bayerischen Verdienstorden verliehen zu bekommen ist die öffentliche Krönung jedes Preußenlebens. Dazu noch eine Einladung zur Salvatorprobe auf dem Nockherberg zu erhalten ist für einen Preußen der fließende Übergang zur Seligsprechung.

Nachfolgend noch ein paar bewährte Mittel der passiven Erziehung an preußischen Lehrmeistern.

Nie widersprechen

Widerspruch müsste dem Preußen als Zweifel an seiner Unfehlbarkeit und absoluten Kommandogewalt erscheinen. Das würde ihn sofort zu Streit und erbitterten Rangkämpfen herausfordern. Dagegen dient Zustimmung – ohne freilich zu reagieren – nicht nur dem Prestigebedürfnis des Preußen, sondern befriedigt auch die Sehnsucht des Bayern nach Ruhe und Frieden.

Wenn beispielsweise ein Bayer mit seiner preußischen Gattin im Wirtshaus sitzt und sie ihn mahnt: »Jetzt ist es aber wirklich Zeit, Süßer, dass wir gehen. Trink endlich aus und komm nach Hause!«, dann wird der kluge Bayer nie protestieren: »Kommt gar nicht in Frage! Was bildest du dir ein? Ich bleibe, solange es mir passt, verstanden!« Er wird vielmehr sofort zustimmen: »Ja freili, Schatzerl, glei pack ma's. I hab ja bloß no gwart', bisd' was sagst. Jetzt grad no des oane Bier, weil i's scho so guat wia bstellt hab.«

Dann ist sie zufrieden, weil er keine Widerworte gab, und er denkt gar nicht daran, schon aufzubrechen, bevor sich dieselbe Szene noch mehrmals wiederholt hat. Beim letzten Mal sagt er etwa: »Na, dann geh halt scho endlich, Mausi. I sag doch scho die ganze Zeit, dass ma jetzt glei genga. Aber du hast dich doch grad noch so angestrengt unterhalten! Oiso nacha, wia lang soll i denn no auf di warten?«

Nie etwas besser wissen

Dass ein Bayer irgendetwas besser wissen könnte, lässt sich mit dem Weltbild des Preußen nicht vereinbaren. Jedes Auftrumpfen mit seinem eventuellen Wissen könnte den Bayern sofort in den Ruch bringen, ein intellektueller Aufständischer zu sein und den Haus- oder Burgfrieden zu gefährden. Der feinfühlige Bayer behält deshalb sein Wissen zurück, auch wenn er sich hundertprozentig sicher ist, dass er Recht hat – außer wenn es darum geht, unmittelbaren Schaden von sich selbst abzuwenden. Ansonsten lässt er den Preußen selber auf bessere Einsichten oder Erkenntnisse draufkommen.

Eine Bayerin stellt beispielsweise einen Topf mit kochend heißer Hühnersuppe auf den Tisch und warnt ihren preußischen Mann: »Pass auf, Detleverl, die is noch a bisserl heiß, gell!«

Er weiß nicht, dass eine Hühnersuppe nur ein einziges Fettauge haben darf, aber dafür ein durchgängiges, und dass ein solches Fettauge das Verdampfen des Wassers verhindert. Darum belehrt er sie: »Ach Quatsch, Therese, wenn sie heiß wäre, würde sie ja noch dampfen.« Sie sagt: »So? Ja, wennst meinst …!« und wartet demütig auf seinen gleich darauf zu hörenden Aufschrei: »Auaaahh! Ja, Himmel, Arsch und Zwirn, die Suppe kocht ja noch!«

Dann erwidert sie ganz ruhig: »Ja, Detleverl, i glaub, da kannst Recht habn.

Hast di recht brennt, gell? Magst a Pflaster auf dei' Zung?«

Immer nur staunen und bewundern

Da der Preuße sehr sozial zu den armen, doofen Bayern sein will, hält er sein gerade erst erworbenes Wissen nie so eigennützig zurück wie der Bayer, sondern lässt bereitwillig alle anderen daran teilhaben. Im Überschwang seiner Freude, sich gerade in Bayern schon so gut auszukennen wie ein Einheimischer, kann er keine von ihm enthüllten Geheimnisse des Landes für sich behalten, sondern will freigebig teilen und noch selbstloser mitteilen. In ihrem Sendungsbewusstsein und ihrer lehrmeisterlichen Begeisterung für die Fortbildung der Bayern kommt es schon hin und wieder vor, dass Preußen den Bayern etwas beibringen wollen, was für diese ganz so neu auch nicht mehr ist.

Wenn etwa in einem Wirtshaus ein Preuße den Einheimischen von seiner Bergtour erzählt und so richtig stolz auf sich ist, werden sie ihn nicht barsch zurechtweisen: »Des is ja eh klar!«, »Des is ja gar nix!« oder »Geh, Manderl, des stimmt doch erstens gar net und zwoatens wissen mir des seit dreißig Jahr'.« Sie werden ihm vielmehr mit freundlich-verschmitztem Lächeln zuhören und ihm mit anerkennenden Worten dabei helfen, sich selbst auf die Schulter zu klopfen.

Wenn der Preuße beispielsweise erzählt: »Janz schöner Schlauch, so 'ne jewaltige Bergtour. Habe heute den Herzochstand jemacht!«, dann werden sie ihn bewundernd mustern und interessiert fragen: »Z' Fuaß oder mit'm Radl?«, »Was, ganz nauf – bis zum Gipfe?«, »In zwoa Tag oder bloß in oam?«

Und wenn der Preuße ihnen dann von seiner herrlichen Aussicht erzählt und ihnen ihre Heimat erklärt: »Unjeheures Panorama jesehn heute. Zugspitze zum Greifen. Konnte mit Blicken spazieren jehen bis zum Watzmann«, dann werden sie staunen: »Mei Liaba, da muaß oana Adleraugn habn!«, »Und so a Kraft – so weit schaugn!«, »Und wia er nur grad alles aso kennt!«, »Da werst ja d' Eiger-Nordwand gwiss aa gsehgn habn – oder?«, »Und jetzt werst dir bestimmt morgn neie Turnschuah kaufa und übermorgn aufm Schneeferner-Gletscher rumspaziern!«

Nie etwas mit Argumenten begründen

Der Bayer weiß, dass er in der Beredsamkeit mit den Preußen nicht mithalten kann.

Eine Diskussion mit logischen Argumenten könnte er zwar oft gewinnen, wenn er entweder zu Wort käme oder überhaupt etwas sagen wollte. Aber was der Bayer von der Rhetorik hält, hat schon Ludwig Thoma beschrieben: »'s Reden waar scho recht, wenn ma dabei 's Mäu net aufmacha müaßt.« Deshalb hat auch die kürzeste Opernkritik eines Bayern, der unzufrieden das Theater verlässt und sieht, dass es regnet, nur drei Worte: »Des aa no!«

Da er sich seine Meinung also selten nach einer Debatte bildet, sondern lieber aus dem Gefühl und vom Bauch heraus entscheidet, was er für richtig hält, wem er traut und wem nicht, kann der rednerisch ungeübte Normalbayer Diskussionen oft nur mit der Notbremse beenden: »Geh, dann leck mi doch am Arsch, du Großmaul, du gfotzerts!«, »So muaßt du daherreden, du Klugscheißer, du siebngscheiter!« oder »Des konnst vielleicht deim Freilein Großmuatta verzähln, du Spruchbeitel, du aufblasna, aber mir net!«

Solche Worte werden sehr leicht als Unhöflichkeit missverstanden. Darum lässt sich der friedliebende Bayer besser gleich gar nicht auf Debatten zur Sache ein, sondern bleibt in seinen Handlungsmotiven rätselhaft. Er verhält sich lieber gegenüber den preußischen Argumenten nur skeptisch bis ungläubig und bringt dadurch den Preußen in Unsicherheit, Rage und ständig neuen Beweiszwang.

Für derartige Situationen hat der Bayer ein ganzes Arsenal von aufreizenden Wendungen, mit denen er allzu penetrante Belehrungsversuche, erdrückende Tatsachen-Behauptungen oder Aufforderungen zum sofortigen Handeln abwehrt: »Wenn i mögn taat, scho«, »Geh, des glaubst ja selber net!«, »Wia wuist denn du des beweisen?«, »No ja, jetzt schaugn ma amoi, nacha werdn ma's scho sehgn«, »Des muaß si erst no aufweisn, mei Liaber!«, »Des sagst halt du!« oder »Ja, des sagt no gar nix – des konn ma anders aa sehgn!«

Solche Sätze eignen sich außerdem hervorragend als Zwischenrufe bei einer politischen Kundgebung, wenn man den Gegner provozieren will. Aber man muss wissen, wie groß die Überzahl der anderen oder wo der Notausgang nach hinten ist.

Ehrlichkeit als Notbremse

Den stärksten erzieherischen Eindruck erzielt der Bayer beim Preußen allerdings durch sein letztes Mittel der Notwehr: die entwaffnende Ehrlichkeit. Je größer die Empörung beim Preußen ist, wenn er seinem bayerischen Erziehungsobjekt einen starken Vorwurf machen muss, desto schockierter ist er, wenn der Bayer einfach alles zugibt.

Das klassische Beispiel dafür ist die Frage eines empörten Preußen im Kino: »Hier stinkt's aber! Mensch, hamm Se vielleicht in die Hose jeschissen?« Und der Bayer gibt treuherzig zur Antwort: »Ja, warum?«

Tipps für die Mischehe

Gerade in der Mischehe hat der mit einer Bayerin verheiratete Preuße diese »Liberalitas Bavariae« am eigenen Leibe kennen gelernt, denn er kann jederzeit tun und lassen, was sie will. Umgekehrt haben mit Bayern verheiratete Preußinnen die Erfahrung gemacht, dass der liberale bayerische Mann auf dem großzügigen Standpunkt steht: »I hab doch überhaupts nix gegen Emanzipation oder gar gegen Frauenarbeit! Bloß den ewigen Ungehorsam und des dauernde Nachschnabeln hab i dick!«

Für den männlichen Bayern ist es ungeheuer wichtig, was die anderen denken und wie er vor seinen Spezln dasteht. Daheim ist er gut zu haben, nachgiebig und gutmütig, fühlt sich oft sogar unter dem Pantoffel einer starken Frau recht wohl, weil sie ihm nicht nur lästige Entscheidungen abnimmt, sondern auch viel Arbeit. Aber auswärts will er niemals als zu guter Lapp oder gar als Pantoffelheld dastehen. Und wenn man am Stammtisch einen Mann derbleckt und ihm vorwirft: »Du hast ja dahoam nix zum reden, du liegst ja dort bloß unterm Tisch drin!«, dann wehrt der sich zu-

»I schenk ihr mei bayerisches Herz und komm untern preißischen Pantoffe!«

mindest mit dem Einwand: »Weilst es gsehgn hast! Aber wia frech dass i rausgschaugt hab, da sagst nix!«

Jeder bayerische Mann hat ein paar lieb gewordene Gewohnheiten, an deren alleiniger Ausübung ohne Frau sich für ihn das »Herr-im-Haus-Gefühl« bestätigt: Dazu gehört meist der Stammtisch zum Politisieren, bei dem einen das Fischen oder Jagern, beim anderen das Kartenspielen und beim dritten vielleicht die Blasmusik oder das alpine Bergkraxeln. Bei etwas Rücksicht auf diese letzten Refugien und Befindlichkeiten bayerischer Männer und ihrer Angst um die wahre Männlichkeit eines echten »Mannsbilds« kann eine kluge Preußin, die nicht aus Prestige und nicht mit Worten, sondern in der Sache selbst Recht kriegen will, ihren bayerischen Mann am langen Zügel leicht durchs Leben führen. Geradeso wie einen braven Bräugaul, der auch vor Kraft strotzt, in der Öffentlichkeit prächtig repräsentiert und stark wiehert, aber ansonsten am liebsten auf einer fetten Weide seine Ruhe und Bequemlichkeit hat.

Nach dem Tode freilich beginnen die Konflikte wieder von vorn, wenn jeder Mischehen-Partner und jedes Mischlingskind sich entscheiden muss, ob es in den Preußenhimmel oder in den Himmel der Bayern will, wo die Hoffnung auf eine wirklich ewige Ruhe erheblich größer ist. Allerdings steht da auch zu befürchten, dass das Gedränge bei den Bayern wieder genauso groß ist wie schon hier auf Erden. »Aber da konn ma nix macha«, sagt der Bayer in solchen Fällen: »Jetzt schaugn ma hoit amoi, dann werdn ma's scho sehgn.«

Bayern gegen Preußen – Spaß oder Ernst?

Ein ewiges Reizthema für Witze, Karikatur und Satire

Sagt ein angeheiterter Preuße zu seinem bayerischen Nachbarn am Biertisch: »Also mal ährlich, Alisi, du bist doch wirklich dat doofste Urvieh, dat ick kenn'njelernt hawe!« Der Alois reckt sich, nimmt sofort eine drohende Haltung ein und fragt scharf zurück: »So? Moanst jetzt des im Spaß oder im Ernst?« Der Preuße beteuert mit schallendem Gelächter: »Im Ärnst natürlich, Alisi, im Ärnst!« Der Alois entspannt sich wieder und sagt: »Des werd dei' Glück sei! Weil – so an Spaß kannt i nämlich net vatragn!«

Witze über Bayern und Preußen gibt es wie die Sterne am Himmel, nämlich »ohne Zahl – sovielmal«, wie es in einem alten katholischen Prozessionslied heißt. Und sie hängen nicht alle nach einer Seite, sondern die Pointen richten sich teils gegen die Preußen, teils gegen die Bayern. Man muss sie nicht alle kennen oder erzählen um die Quintessenz herauszufinden. Wenn es gegen die Bayern geht, heißt die Botschaft: Müssen die blöd sein, denn die machen alles anders und somit falsch. Geht es dagegen gegen die Preußen, so wird fast immer zum Ausdruck gebracht, wie angeberisch und überheblich sie sich verhalten und wie sie trotzdem von den schlauen Bayern immer wieder hereingelegt werden. Den meisten Bayern-Preußen-Witzen liegen daher die ewig gleichen Klischees zugrunde, zum Beispiel, dass die Bayern alle kleine, kraftstrotzende und kugelrunde Bierdimpfel sind, zwar ehrlich und offen, aber zudem ungebildet und grob, naiv und unzivilisiert. Die Preußen dagegen sind alle groß, schlank und schwächlich an Muskeln, dafür aber weltmännisch, gescheit und von hoher Kultur. Das Seltsame ist nur, dass sich diese Muster in vielen Beiträgen moderner Medien, von Reportagen über politische Glossen bis zu witzig gemeinten TV-Moderationen, im Kern kaum von uralten Vorurteilen in Biertisch-Witzen und simplen Scherzen der Bauerntheater unterscheiden.

»Nehm' Se mir's nich übel, teurer Dorf-
bewohner, aber den Rummel hierzuland hatt'
ick mir anders vorjestellt. Den Tag über, dacht'
ich, wird jeschuhplattelt un des Nachts ejal
Haberfeld jetrieben«
(Aus dem »Simplicissimus«)

Nur die Frage, was daran Spaß und was
Ernst ist, lässt sich insgesamt am
schwierigsten beantworten: In den
meisten Fällen ist es nämlich beides. So
ziemlich alle Klischees haben nämlich
irgendwo einen wahren Kern, zumindest eine tiefere oder schon historische
Ursache für überlieferte Vorurteile und
Typisierungen.

Wie viel am ewigen Reizthema Bayern
und Preußen schon uralt und längst da
gewesen ist, macht eine Landesausstel-
lung deutlich, die vom Haus der Bayerischen Geschichte 1999 zuerst in der
neuen Bundeshauptstadt Berlin, danach
in der Kulmbacher Plassenburg der
fränkischen Hohenzollern gezeigt wird;
anschließend wird sie wohl als Wander-
oder Dauerausstellung bestehen bleiben. Sie hat den Titel: »Bayern und
Preußen – Eine historische Beziehung
in Karikaturen«.
In einem Kalender des Hauses der
Bayerischen Geschichte werden als
Hinweise auf die Ausstellung einige Erkenntnisse im Voraus veröffentlicht
sowie Karikaturen aus satirischen
Zeitschriften der zweiten Hälfte des
19. Jahrhunderts.
»Die unterschiedliche Stellung der beiden Staaten, bis 1866 innerhalb des
Deutschen Bundes und ab 1870/71 innerhalb des Deutschen Reiches sowie
ab 1918 in der Weimarer Republik«,
schreibt dort Katinka Heinemann,
»zeigt sich schon darin, dass Bayern in
den Berliner Zeitschriften eine verhält-
nismäßig geringe Rolle spielt und meist
nur als wenig ernst zu nehmender
Störenfried auftaucht, während in den
Münchner Zeitschriften das preußische
Streben nach Vorherrschaft scharf kritisiert und die bayerische Eigenständigkeit herausgestellt wird.«
Die im Kalender gezeigten Karikaturen
– aus dem Berliner *Kladderadatsch* und